JN103912

Withコロナ時代 休校になっても
学びを止めない
探究する子どもを育てる

小学校社会科カリキュラムの中核をプロジェクト化

名古屋市教育センター研究調査部長
出井伸宏 著

黎明書房

はじめに

2020 年 4 月。

新型コロナウイルスの感染拡大を受けて，多くの学校が臨時休業となり，子どもたちの学びをどのように進めていったらよいのか，全国の教育委員会の混迷が続きました。

子どもたちの「学びを止めない」創意工夫ある試みが全国各地ではじまっていきました。

4 月，とりあえずやれることからということで，名古屋市では新学年・学期スタートする前から，予習型の学習プリントを教育委員会指導室と教育センターの指導主事が連携して作成していきました。特に小学校では，新しい教科書を教材研究しながら，子どもたちがまだ学んでいない学習内容を取り扱う「予習型家庭学習プリント」を教育センターのホームページから発信していきました。

賛否両論ありました。

「予習なんて特に小学生にほとんどさせたことがない」

「すべての子どもたちが自分の力で未習の学習に果たして取り組めるだろうか」

「復習型のプリントの方がすぐ各学校が対応できるのではないか」

「いやいやいつまでコロナで休校が続くかわからない状態，少しでも

新学年の内容に触れてもらうためにわかる範囲で予習してもらったほうがいいのでは」

「わからないところは飛ばしてやればいい」

「学校が再開したら，そのプリントを活用して授業を展開していけば時間縮減につながる」……。

このとき，わたしはふと考えました。

私たちは今まで，子どもたちに日頃から復習型の宿題を「これしなさい」「あれしなさい」と与えてきました。しかし，予習型の宿題ってほとんどの子どもたちにさせてこなかったのではないでしょうか。

「みんなで同じことを，同じペースで，同じようなやり方で，同質性の高い学年学級制の中で，出来合いの問いと答えを勉強する」というシステムの中で，復習型の宿題に取り組ませることを当然のごとく進めてきました。教師が言うとおりの宿題に取り組む子どもたちの姿が通常でした。

しかし，こういった危機がずっと続くかもしれないし，今後何度も臨時休業といったこともあり得ます。

その時に備えて，**今後学校は，自分で自分の学習を進めていける力（自己学習できる力），自学自習できる力をつける指導に重点を置くべきではないか。**

コロナ禍の中で，教師の指示の通りに復習型の宿題をする学習システムから，自分の力で新しい課題（未修事項）にどんどんチャレンジできるような（予習型の）学習システムに転換していく必要があるのではないでしょうか。

私たちはつい「あれしなさい，これしなさい」と子どもの時間を支配しようとしてしまいます。学校の課題にしても，オンライン学習にしても，どちらかというと受け身のものが多いのが現状です。

こういう時だからこそ，自分が興味のあるテーマについて，夢中になって探究する経験を積ませることが必要ではないだろうか。（それは，これからの長い生涯にわたっての学びを支える確かな土台になるのではないか……）

わたしは，今こそ，平成31年度から名古屋市全体の教育施策「画一的な一斉授業からの転換を進める授業改善事業」を通して学んできた「学びの個別化・協同化・プロジェクト化の融合（15頁）」を図り，皆一斉に出来合いの問いと答えを学ぶ学びだけではなく，「自分たちなりの問いを立て，自分たちなりの仕方で，自分たちなりの答えにたどり着く」，そんな「プロジェクト型の学び」「探究型の学び」を学校カリキュラムの中核としていく必要があると考えます。これは名古屋の教育施策として根っこの理論を指導してくださった熊本大学教育学部准教授・苫野一徳氏が提唱されているものです。

平たく市民や保護者の皆様にもわかりやすくいうと子どもたちに「自由研究できる力」を育んでいくということです。

わたしたちは，今まで，それぞれの教科や総合的な学習の時間等の中で，自由研究できる力を育ててきただろうか。教師がいう課題や問いを言われた通りに追究して解決していくといった指示通りの学習がほとんどではなかったか。

わたしはこの本の中で，自分が得意とする社会科学習（ひいては社会科と総合的な学習等関連を図る教科等横断的な学習）の中で，こんな探究的な学びに挑戦させていくことができるのではないかという提案をしたいと思います。

そこで，現在の新学習指導要領において社会科の学習内容の中でプロジェクト化できそうな単元の可能性を探るというのがこの本の目的の一

つです。（本来は社会科と総合的な学習・他教科等との関連を図ったカリキュラムマネジメントを充実させていくべきだとは思いますが，とりあえず……）

　いきなり実現はとても難しいので課題選択学習を出発点としたいと考えています。その学習経験を何度も繰り返すことを通して，自分で学習を進めていける方法が身に付くことになります。学習のPDCAサイクルを学習者自身が回すことができるようになっていくと思います。ここが大切だと考えます。

　学習のPDCAサイクルとは，まず学習の目標やめあてを達成するため，自ら計画（Plan）を立てて，自ら考えた様々な方法で計画を実行（Do）していきます。計画通りに実行できなかったか，目標を達成できているかを評価（Check）し，次の課題解決に向けて改善策を次の計画に生かし実行していく（Action），一連の流れ（サイクル）のことです。

　学習が授業だけで完結するのは小学校低学年くらいです。それ以後次第に学年が進むにつれて授業の比率は小さくなっていき，自学の部分が増していきます。

　社会に出たら授業はなくなり，そのPDCAサイクルを自分の力で回していきます。

　こうした経験をふんだんに積んだ子どもたちはたとえ，第二・第三のコロナ禍が到来したとしても，家庭できっと楽しい主体的な学びを自力で創造，そして実現していくのではないでしょうか。

　つまり，わたしの主張をまとめると，学校が休校になっても学びを止めない子ども，つまり，学び続けることを幹に持つ，未知の問題や状況にも果敢に挑戦するスピリットと行動力を備えたアクティブラーナーを育てることが目的です。そのための手段としてカリキュラムの中核を「プロジェクト型」「探究型」にし，子どもたちにその学習経験を積ませること，さらに社会科では学習時期や単元によっては自力で探究型の学

習が展開できる単元がありますという提案です。

　そのために，まず第Ⅰ章理論編では，名古屋市が現在進めている教育施策を進行する中で学んだこと「学びの個別化・協同化・プロジェクト化の融合」や，2019年の夏にオランダで実施されたイエナプラン・オリエンテーション研修（17-28頁）で学んだ「ワールドオリエンテーション（オランダ流総合的な学習），名古屋市教育センターで調査研究しているプロジェクト型学習（PBL）を最初に整理します。

　さらに，自由研究できる力を育成することの重要性とともに2020年から完全実施された新学習指導要領での主体的な学習態度に力点がおかれていることについて述べていきます。

　第Ⅱ章実践編では，日本の小学校社会科のカリキュラムでここが課題選択できる，プロジェクト化できるといった例示，また，休校という事態になったらこんな自由研究をさせてみてはという提案をします。

　さらに，一人一人の「プロジェクト型の学び」「探究型の学び」をどうクラス全員での話し合い活動等につなげていくかを自分の過去の実践（歴史トラベラー）を踏まえて提案します。

　再度，まとめると本書の趣旨は以下の通りです。

　Withコロナ時代の到来……。学校が休みになっても自分で問い（課題）をもって（選択して）自分の追究の仕方で解決できる自立した学習者（自由研究できる力）を育てる試みです。

　名古屋市の教育施策を進める中で，自分自身がオランダ・イエナプラン教育の研修で学んだワールドオリエンテーション，さらにプロジェクト型学習（PBL）の調査研究の成果を生かし，日本の小学校社会科カリキュラムを自力探究型の課題選択的にする，さらにはプロジェクト化していく展望を示した一冊です。

目 次

I 理論編

1 画一的な一斉授業からの転換を進める名古屋市の教育施策を推進する中で学んだこと
　　―熊本大学・苫野一徳氏との出会いから「学びの個別化・協同化・プロジェクト化の融合」を知る―

2 オランダ・イエナプラン教育研修での学び
　　―プロジェクト型の学び・ワールドオリエンテーション―

3 PBL 理論に沿ったプロジェクト型学習の展開

4 自由研究できる力を（プロジェクト型学習を通して）育てる

5 新学習指導要領の評価の重点―主体的な学習態度―を育てるプロジェクト型の学び

Ⅱ 実践編

1 小学校社会科カリキュラムの中核をプロジェクト化する

2 知的発見型プロジェクト
─歴史トラベラーの探究を，話し合い活動へ。みんなを信長の世界に巻き込んだ授業─

プロジェクト型学習について

　「プロジェクト型の学び」「探究型の学び」はほぼ同意と考えてよい。「探究」とは何らかの問題状況において，それを解決していくプロセスであり，「プロジェクト」とは探究を駆動する方法概念を意味する。例えば，後述する「織田信長はなぜ桶狭間の戦いで今川義元に勝てたのか」をテーマにした学習プロジェクト等がそれにあたる。

　つまり，「学びのプロジェクト化」とは，子どもたちの「探究」を駆動するために，学校での学びを「プロジェクト化」していく必要があるということを意味する。その学びとは「出来合いの問いと答えばかり学ぶ学びではなく，自分（たち）なりの問いを立て，自分（たち）なりの仕方で，自分（たち）なりの答えにたどり着く」学びである。（参考『「学校」をつくり直す』苫野一徳著，河出新書）オランダ・イエナプラン教育のワールドオリエンテーションはまさにプロジェクト型学習といえる。

　特に，アメリカで開発された「(PBL（プロジェクト・ベース学習)」は，子どもの自主性を尊重し，自律学習者としての成長を願って興味あるテーマから総合的に学習を組み立てる。

　その起源は元々はアメリカの教育哲学者・ジョン・デューイ*¹であり，デューイの経験主義教育理論を具体化し，「プロジェクト・メソッド」と呼ばれる学びの方法論を提唱したウィリアム・キルパトリック*²である。

　デューイやキルパトリックの「新教育」は，20世紀前半，世界中に広がり，日本にも普及した。日本では，戦後最初の学習指導要領等はこの流れを組む経験主義教育を出発点として構成された。

＊1　今日の「プロジェクト型の学び」と言われる学びの在り方を提唱。子どもたちには本来4つの本能的欲求（「物を発見したい」「物をつくりたい」「自らを表現したい」「話したい」）がある。これらを最大限に活かし，伝統的な一斉授業や教え込みのカリキュラムではなく，子どもの経験活動を重視した実験的な教育（問題解決学習）を実践。

＊2　「目的ある活動」こそが，学びを導く根本原理であると主張。プロジェクト・メソッドとは，「目標・計画・実行・判断」の四つのフェーズ（段階）を踏むことによって，より高いレベルの追究を可能にするという定式化された問題解決のための一方法であると提唱。

Ⅰ 理論編

Contents

1 画一的な一斉授業からの転換を進める名古屋市の教育施策を推進する中で学んだこと
—熊本大学・苫野一徳氏との出会いから「学びの個別化・協同化・プロジェクト化の融合」を知る—

　名古屋市では新学習指導要領の完全実施に合わせて，2019年3月「第3期名古屋市教育振興基本計画〜夢いっぱい　なごやっ子応援プラン〜」を策定しました。

　この中での目玉施策は，次の学習指導要領の改訂（2030年ごろ）の重点と予測されている「個別最適化された学び」について研究し，教育施策を進めようとしている点です。

　具体的には「画一的な一斉授業からの転換を進める授業改善」（2020年からナゴヤ・スクール・イノベーション事業と改名）です。私自身この施策を理論的に調査研究する部署に所属しています。

　基礎的な学力の確実な定着，他者と協働しつつ自ら考え抜く自立した学びの実現に向けて，全ての児童生徒に対し，一人一人の進度や能力，関心に応じた個別最適化された学びを提供するための授業改善を推進していこうとしています。

　公教育の構造転換をスローガンに，「画一的な一斉授業」から「一人一人の子どもを大切にした教育の実現のために個別化，協同化，プロジェクト型学習」への転換を進めるというものです。

　「なぜ？　といった自ら問いを持つ」

　「主体的に探究する」

　「ICT機器の活用」

　「異年齢交流」

　「対話や教え合い」

「先生はサポート」

といったことを大事にしていこうとしています。

　この背景には，2018 年，文部科学省が，「Society5.0 に向けた人材育成〜社会が変わる，学びが変わる〜」という報告書を公開したことが一つの要因です。

　内閣府は Society5.0 で実現する社会では，Iot（Internet of Things）で全ての人とモノがつながり，様々な知識や情報が共有され，人工知能（ＡＩ）により，必要な情報が必要な時に提供されるようになると述べています。狩猟社会（Society 1.0），農耕社会（Society 2.0），工業社会（Society 3.0），情報社会（Society 4.0）に続く，新たな社会を指すもので，第 5 期科学技術基本計画において我が国が目指すべき未来社会の姿として初めて提唱されました。

　こうした来るべき社会においては，自律した子ども（自ら考え，自ら判断し，自ら決定し，自ら行動できる子ども）を育てることが第一優先課題ではないか。子どもたちの主体性をもっと大事にして学びを転換していく必要があるのではないか。明治以降ずっと当たり前として実施されてきた画一的な一斉授業で「出来合いの問いと答え」を学ぶだけの学びで本当にいいのか。教育委員会でも議論がなされました。

　主体的・対話的で深い学びの授業改善が求められているのに，「まだまだ黒板とチョークで知識注入型の授業が往々に行われている現状ではないか。何とかするべきではないか」。

　画一的な一律一斉のシステムは大きな問題を抱えていることが少しずつ知られてくるようになりました。たとえば，「みんなで同じことを，同じペースで」進めていくと，必ず，授業についていけない子が出てしまいます。その逆に，すでに授業の内容がわかっているにもかかわらず，先へ進むことができないために，勉強が嫌いになってしまう子どもたちも大勢います。いわゆる，「落ちこぼれ・吹きこぼれ」問題と言われて

います。出来合いの問いと答えを中心に勉強するシステムは，変動する社会の中で大きな問題を抱えてくるようになりました。なぜ，何のためにこんな勉強をしなければならないのかわからず，学びから逃走する子どもたちも大勢出てきました。

　また，同質性の高い学年学級制も，大きな問題を抱えています。同調圧力が強いために，いじめが起こりやすいとか，空気を読み合う人間関係ができてしまうとかいった問題が起き，不登校の子どもたちの数も増加の一途をたどっています。

　そこでその打開策として，「学びの個別化・協同化・プロジェクト化の融合」を提言されている熊本大学教育学部の教育哲学者・苫野一徳氏を 2018 年 12 月 28 日，名古屋市教育委員会主催のこの指とまれ方式の学習会（参加したい人が申し込む）に講師としてお招きしました。

　当日は，年の瀬にもかかわらず，180 人ほど教員が集まりました。講演で提唱された内容について簡単にふれます。

　苫野氏から教えていただいたことを振り返ると，「そもそも学校は何のためにあるのか？」というところから出発しました。

　苫野氏は，学習会の中で次のように語っておられました。

　学校は，すべての子どもたちが「自由」に，つまり「生きたいように生きられる」ための力を育むために存在しています。「自由」と言っても，それはわがまま放題を意味するわけではありません。というのも，「自分は自由だ，何をやるのも勝手だ」と言っていたら，それは他者の自由とぶつかることになり，争いになり，結局はお互いの自由を奪い合うことになってしまうことになるからです。

　そこで，私たちは，自らが「自由」に生きられるためには，他者の「自由」もまた認める必要があるということになります。

名古屋市教委 勉強会に180人

名古屋市教育委員会は28日、従来の画一的な教育からの脱却を図るための勉強会を中区役所で開いた。幼稚園から高校までの市立学校教員ら約180人が参加し、熊本大学の苫野一徳准教授（哲学・教育学）による講演や、学校の課題について話し合った。

子どもの生きる力を引き出すことなどを目指した市策定の「ナゴヤ子ども応援大綱」の実現に向けた勉強会で、初の試み。河村たかし市長も参加し、「子どもを全力で応援する。財政面は惜しまないので遠慮せずに話し合って」と話した。

苫野准教授は公教育の構造転換をテーマに講演。教育の定義を「すべての子どもが自由に生きられる力を育むためのもの」とし、いじめなど学校の抱える問題について「先生を責めても仕方がない。時代に合わないシステムに問題がある」と強調した。

その上で、自分で問いを立てて答えにたどり着く「探究する力」が大切と主張。一例として、オランダで普及している異学年のグループでクラス編成する「イエナプラン教育」を紹介した。

市教委は今後も勉強会を続け、来年度からは先進校の視察や試行的実践など本格的な研究を想定している。

【川瀬慎一朗】

公教育の構造転換について話す苫野一徳准教授＝名古屋市中区の中区役所で

2018.12.29（土）毎日新聞社提供

これを「自由の相互承認」と言いますが，この「自由の相互承認」の感度を育むことこそ，公教育の最も重要な本質です。

　実はこの「自由の相互承認」は，私たちが暮らすこの市民社会，民主主義社会の根本原理でもあります。私たちの社会は，誰もが他者の自由を侵害しない限りで自由に生きてよいし，そしてそのような自由をお互いに認め合うことで，皆ができるだけ自由に平和に生きられることを保障するものなのです。

　ちなみにこの「自由の相互承認」の原理は，ヨーロッパの哲学者たちによって250年ほど前に見出された考え方ですが，そこにいたるまでの間に，人類は1万年以上もの間，宗教が違えば虐殺したり，人種が違えば奴隷にしたりといったことを当たり前のように続けてきました。今，そのような凄惨（せいさん）な命の奪い合いがかつてに比べて激減したのは，「自由の相互承認」の原理が，この名前は知られていなくとも，多くの人に共有され，この原理に基づく民主主義が世界に広がっていったからです。

　その過程において，教育はきわめて重要な役割を果たしました。学校教育を通して，私たちは，誰もが対等な人間同士であるという感度を育むことができるようになったのです。誰もが同じ人間同士。これは，2〜3世紀前まではほとんど誰も考えていなかったような，人間精神の大革命なのです。

　以上から，学校教育の本質を改めて次のように言いたいと思います。

> 　すべての子どもたちが，「自由の相互承認」の感度を育むことを土台に，「自由」に生きられる力を育むことにある。

　さて，ところが今，学校は，落ちこぼれやいじめ，あるいは不登校など，「自由」とその「相互承認」の観点から言って大きな問題を抱えて

しまっています。

　さらに，画一的な学校システムを見直すために，苫野氏は「学びの個別化・協同化・プロジェクト化の融合」への転換を提唱されました。

　個別化とは，端的には，自分に合ったペースや学び方で学びを進められることです。ただしそれは，学びの孤立化であってはなりません。子どもたちが，必要に応じて人に力を貸してもらえたり，人に力を貸したりできる，「ゆるやかな協同性」に支えられた学びの環境を作ることが重要です。

　個別化と協同化の融合を行うと，学年を超えた異年齢の学び合いも可能になります。日本でも異年齢での学び合いを実践している学校がありますが，そうした学校では，お兄さんお姉さんがとても頼もしく，年下の子たちに勉強を教えている姿などをよく見かけます。

　先生の授業より，友達に教えてもらった方がわかりやすいとか，友達に教えることで自分の学びがより深まったとかいった経験は，多くの人が持っていることと思います。「学びの個別化と協同化の融合」は，そうしたダイナミックな学び合いの力を最大限発揮させるもので，一律一斉の授業に比べて，子どもたちの学習権の保障により一層寄与することも様々な研究で明らかにされています。

　次に「学びのプロジェクト化」とは，**出来合いの問いと答えを学ぶ学びではなく，「自分たちなりの問いを立て，自分たちなりの仕方で，自分たちなりの答えにたどり着く」，そんな「プロジェクト型の学び」をカリキュラムの中核にすること**です。子どもたち自身の問いから始まる探究型の学びが，子どもたちに学ぶことの楽しさや意義を見出させ，学力向上につながるだけでなく，生涯にわたる立派な探究者へと成長していくという報告も数多くあります。ちなみに,学習指導要領においても,

このような探究型の学びを中核にしたカリキュラムは，十分可能である
だけでなく，推奨されてもいるものです。

と私たち名古屋の教員にご指導をいただきました。
　苫野氏のお話の要点を私なりにまとめると次のようになります。

○　「学校は何のためにあるのか」「これから育てたい子ども像，学
　　校像はどうあるべきか」等，教育ビジョンを根本から問い直すこ
　　とが必要であること
○　これからの時代は「言われたことを言われた通りするだけの指
　　示待ち人間」を育てるのではなく，「自ら課題を見つけ，それを
　　解決する力」をもった主体的な子どもを育てていくことが必要な
　　こと
○画一的な教育を見直し，「学びの個別化・協同化・プロジェクト
　　化の融合」への転換を図ること
○オランダのイエナプラン教育のビジョンが一つの典型的なモデル
　　となること
○「自由」に生きるための力として，「探究する力」が大切であり
　　キーワードであること
　　　　　　　　　　　　　　　　　　　　　　　　　　　　　　　　など

　私たちはこの日に多くのことを学ぶと同時に，この教育施策の出発の
日となりました。

2 オランダ・イエナプラン教育研修での学び
―プロジェクト型の学び・ワールドオリエンテーション―

　2019年8月24日（土）～9月1日（日），名古屋市の教員8人と我々
教育行政に携わる者4人で「夏季オランダ・イエナプラン・オリエンテー
ション研修」に参加し，オランダ・イエナプラン教育のビジョンや方法
等を体験的に学んできました。

　この本の主題でもある「プロジェクト型の学び」「探究型の学び」で
あるオランダ流総合的な学習・ワールドオリエンテーションについて研
修してきたことにそって述べていきます。

　イエナプランスクールでは，子どもたちが自分の内側から湧いてくる
問いに気付き，その問いの答えを見つけるための探究を重視しています。
各教科の学習とワールドオリエンテーションは，相互補完的な関係にあ
り，各教科の学習は，子どもたちが自らの問いを基に探究するための重
要なツールであると考えます。子どもたちがそれらのツールを使って探
究しながら，世界の中に自分の位置を見出していくこと，それこそが学
校教育の究極的な目的であると考えられています。よって，ワールドオリエンテーションは，イエナプランのハート（心臓）と呼ばれてお

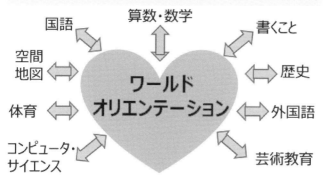

ワールドオリエンテーションについて

り，学校生活のすべてにかかわるものです。

　教科の区別をつけない総合的な学習「ワールドオリエンテーション」が実施されます。ある特定のテーマについて，子どもたちが自分で調べ，学び，発表していきます。

　そしてこの学習で目的としているのは，知識を身につけることではありません。物事をどのように捉え，どんな問いを立て，その問いにどのように答えていくかを大切にしています。このような「学ぶための学び」により，自ら学び続ける姿勢を養っているのが特徴です。

ヤンセンの自転車……進め方を自転車に例える
（子ども主体の学びのモデル）

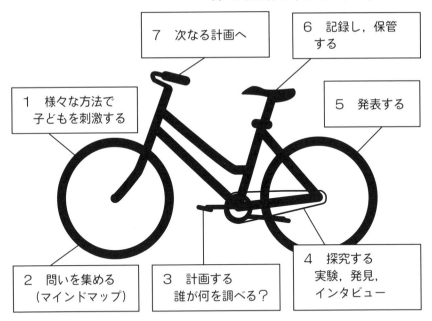

1　様々な方法で子どもを刺激する

2　問いを集める（マインドマップ）

3　計画する　誰が何を調べる？

4　探究する　実験，発見，インタビュー

5　発表する

6　記録し，保管する

7　次なる計画へ

　これは，「ヤンセンの自転車」と呼ばれる，ワールドオリエンテーションの進め方を自転車にたとえてモデル化したものです。イエナプランスクールの校長だった，クリス・ヤンセンが開発しました。このモデルは，

18

イエナプラン校のみならず，オランダの国立カリキュラム研究所でも，子ども主体の学びのモデルとして全国的に紹介されています。

ワールドオリエンテーションは**7つのステップ**で進められます。

ステップ1では，様々な方法で子どもたちの好奇心を刺激します。そして**ステップ2**では，テーマについて子どもたちの問いを集め，出てきた問いをマインドマップで整理します。このステップ1と2が自転車を動かす基となる前輪に当たります。

その動きを後輪に伝えるためのチェーンに当たるのが，ステップ3と4です。**ステップ3**は，役割分担をして探究活動の計画を立てます。そして**ステップ4**では，実験や発見，インタビューなどを通して探究し，結果をまとめます。

そして，後輪に当たる**ステップ5**では，内容にふさわしい形で発表し，みんなで探究の結果を共有します。

サドルに当たる**ステップ6**では，探究の成果を振り返り，まとめ，記録したものを保管します。

最後に，ハンドルに当たる**ステップ7**では，学んだことを学習目標と照らし合わせ，まだ取り扱っていない目標に向かって新たな探究の計画を立てます。

これらのステップを経て，子どもたちの探究学習が効果的に進んでいきます。

私たちが視察した時は，オランダは新学期が始まって間もないということもあり，実際のワールドオリエンテーションの様子は見ることができませんでした。しかし，研修の中で様々な資料を使ってその手順について聴くことができました。

1　様々な方法で子どもを刺激する

　これは，ステップ1の子どもたちの好奇心を刺激している場面です。覗き込んでいる瓶の中にはミミズが入っています。

　みんなでサークルになり，ミミズの様子を一人一人順に観察しています。ワールドオリエンテーションでは，「ホンモノ」を重視します。テーマは子どもたちにとって具体的で身近なものがよいとされています。この場合も校庭から取ってきた生きたミミズを使っています。

2　問いを集める（マインドマップ）

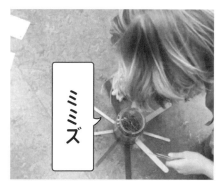

ミミズ

ステップ2では，動機づけができたら，付箋紙に自分の問いを出し合います。そのために左のようにマインドマップを作ります。ミミズを中央において，子どもたちが思いつく限りの問いを書き留め，種類別に集めていきます。

この時，問いを広げる「5W1H」の疑問詞等で書くように指導します。

When
いつ

Where
どこで

How
どのように

5W1H

Why
なぜ

Who
だれが

What
なにを

私は2019年11月26日，日本初のイエナプランスクール学校法人，茂来学園大日向小学校を視察しました。その時，ワールドオリエンテーションで焼き芋づくりで実際に火を見たり，火の音を聞いたりしながら火についての問い（疑問）を付箋に書き出し，ホワイトボードに貼って，火について何を探究していくかを話し合っていました。その際にもこの問いを広げる「5W1H」の指導がなされていました。

　プロジェクト型学習の基本的な流れにある「①テーマを設定する」の場面では，教師の投げ掛けを基に，子どもたちが問いを立てていきます。子どもたちが問いをもつためのきっかけとして「5W1H」は大変有効なキーワードとなります。「5W1H」とは，Who（だれが），When（いつ），Where（どこで），What（なにを），Why（なぜ），How（どのように）を指し示す言葉です。

3　計画する　誰が何を調べる？

ミミズの感覚についての問い

ZINTUIGEN

Hoeveel zintuigen hebben wormen?　感覚はいくつ？

Kunnen wormen ruiken?　名前　嗅覚はあるの？

Hebben wormen oren?　耳はあるの？

Hebben wormen ogen?　名前　目はどこ？

Hoe vinden ze een andere worm?　仲間をどうやって見つけるの？

　そうしてステップ3では，マインドマップで広げた問いを種類別に整理し，テーマごとに分けて，誰が調べるのか役割を分担します。

　各項目に貼ってある付箋には，担当者の名前が書かれています。

22

4 探究する 実験・発見・インタビュー

　ステップ4は実際に探究している場です。

　透明なケースの中でミミズを飼って，その様子を調べようとしている子どもがいます。

　教師にこれからの学習の進め方について相談している子どももいます。教師はグループリーダーと呼ばれ，ファシリテーターとしての役割を果たします。子どもたちの探究が進んでいるかどうかを把握し，子どもたちを支援します。

　専門家に電話をして質問している子どももいます。必要に応じて，このように電話やメールで尋ねたり，見学に出掛けたりもします。

5　発表する

　ステップ5の，調べたことを発表している様子です。

　調べた内容に応じて，プレゼンテーションや劇，ポスターなど，様々な方法で発表します。

　この写真は，ミミズの着ぐるみを着て演じているところです。

わたし（ミミズ）は
土を食べて，
糞を出します

　今回はミミズを基にしたテーマでしたが，ワールドオリエンテーションのテーマは，すべての教科教育と関連付けることができます。

ワールドオリエンテーションのテーマ

世界への鍵

つくることと 使うこと 労働 消費 持続可能性	技術 建設 機械と道具 システム 原料とエネルギー 技術を どのように使うとよいか	コミュニケーション 他の人と自然と, また,自然の中で 他の国の人と
環境と地形 人・植物・動物の棲息 住まいとしての地球 宇宙環境		共に生きる 社会に帰属する 共に生きるために 共にひとつの世界を
巡る1年 1年の中の月日 お祝いや催し 学校の1年		私の人生 私 人々 大人たち

リヒテルズ直子著『オランダの個別教育はなぜ成功したのか』（平凡社）
p.121 図を元に作成

　上の図のように，イエナプラン教育のワールドオリエンテーションで
は，科目の壁を越えて，7つの経験領域に基づいて，探究学習を進めて
いきます。

　ワールドオリエンテーションは，ミミズの実物に象徴されるようにホ
ンモノを題材として，答えではなく，問うことや探究することを重視し
て物事を学んでいく点で，大変意義深いものだとわかりました。

○　ワールドオリエンテーション，つまり探究型の学びの手順は，扱う学習内容に違いはあるものの，日本の総合的な学習方法と類似することが多いこと。

○　同時に，現在の日本の学習指導要領においても日本の**社会科**（や理科）等の学習内容をワールドオリエンテーションの手順（ステップ）で一人一人の興味関心に応じて学んでいける場面，課題選択できる単元も多くあると実感したこと。

○　導入の刺激として，ミミズの観察からスタートする本物との出会いは私の拙い社会科実践（『小学校社会科実践の不易』2020年2月黎明書房より発行参照）とも類似していること。本物の巨大マグロや，自動車の部品，伝統的な工業製品，歴史的な遺物・遺跡等にひたりきって本物を観察し，子どもたちの好奇心等を刺激しながら実践をスタートし，問いを立てて探究していくところはまったくといっていいほど同じであること。

　わたしは現在の社会科の学習内容（もちろん社会科を核にした教科横断的な単元化）で，自力で探究的な学びができるところをチョイスして，自立した主体的な学習者を育てていきたいと考えるようになりました。

　一週間ほどの研修でしたが，その他にもオランダの教育全般，イエナプラン教育の全貌について，『イエナプラン実践ガイドブック』（教育開発研究所発行 2019.9.1）を執筆された**リヒテルズ直子様**に朝から夜遅くまで御指導いただきました。

　参考までにオランダでの研修の内容をコンパクトにまとめた「教育センター NAGOYA」を自分の部署で作成したので紹介します。

【参照資料】教育センター NAGOYA　No.82　2019.10　＜ P.2 〜 3 ＞

特集 「画一的な一斉授業からの転換を進める授業改善」事業
〜海外視察（オランダ）の報告〜

子どもの幸福度 No. 1 のオランダ

ユニセフが発表した「先進国の子どもの幸福度」調査で、オランダは2007年、2013年と総合１位となっています。また、2007年の同調査で「孤独だと感じる」と答えた子どもは、国際平均が５〜10％であったのに対し、日本は29.8％でした。オランダはわずかに2.9％で日本の約10分の１でした。リヒテルズ直子氏は、著書の中で、この数字は日本の「競争型」の教育とオランダの「機会均等型」の教育の違いをよく表していると分析しています。
（参考文献：いま「関国」のときニッポンの教育 尾木直樹・リヒテルズ直子 ほんの木）

学校設立の自由が憲法で保障されているオランダでは、約200人の子どもを集めれば誰でも自由に学校を設立できます。教育理念・方法の自由も保障されているため、多様な教育理念に基づく様々な学校があります。

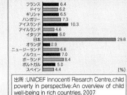

出所：UNICEF Innocenti Resarch Centre,child poverty in perspective:An overview of child well-being in rich countries. 2007

「孤独を感じる」と答えた15歳の割合

今回は、主にオランダの「イエナプラン教育」について視察してきました。
イエナプラン教育は、子ども一人一人の「ちがい」に目を向け、子どもの自ら学び続ける力（探究力）と他者と協働し共に生きる力を育てています。イエナプラン教育の理念や手法はオランダの新初等教育法にも盛り込まれるなど、オランダの公教育全体に大きな影響を与えています。

「イエナプラン教育」とは？

ドイツのイエナ大学の教育学教授だったペーター・ペーターゼンが1924年に同大学の実験校で創始した学校教育です。1960年代以降、オランダに広がりました。

「イエナプラン教育の特徴」は？

＜異学年学級＞

「根幹（ファミリー）グループ」と呼ばれる異学年（３年齢）で編制され、学び合いや助け合い等を促します。学級担任はグループリーダーと呼ばれ子どもの支援をします。

● 年長
● 年中
● 年少

＜４つの基本活動＞

時間割は「対話」「仕事（学習）」「遊び」「催し（行事）」の４つの基本活動を循環的に行います。

催し（行事）　対話
４つの活動
遊び　仕事（学習）

＜ワールドオリエンテーション＞

イエナプランのハート（心臓）と呼ばれ、科目の壁を越えて、生きた本物の題材を基に、子どもたちが協働で探究する学び（日本でいう「総合的な学習の時間」）です。

＜ちがいと共に生きる＞

学校は社会の反映であり、子どもたちは互いのちがいに対してどう関わるかを学びます。イエナプランでは、1994年のサラマンカ宣言以降、「インクルージョン」や「特別支援」という言葉が教育界で使われるようになる前から、障害のあるとなしにかかわらず、子ども一人一人のちがいを個性として尊重しています。

イエナプランスクールへの学校訪問

＜期間中に訪問した学校＞
①ウォルストルーム（De Woldstroom in Meppl）
②カゼミエ（Ds.Cazamier in Oudleusen）
③ズウォーレ（Jenaplainschool in Zwalle）
④ステレンパッド（Sterrenpad）
※ ④はワイドスクール（学校だけではなく重度障害者施設や保育園等を併設した総合施設）

Ⓐ 室内がよく見える設計
Ⓑ 絵や図で示された掲示物
Ⓒ 保護者とカフェしながら対話するスペース

＜サークル対話＞

★ 教室の中には、いつでも全員がすぐに輪になって座れる場所が用意されています。

・ サークル（輪）になることで、互いの表情を見ながら、聞き合ったり認め合ったりします。

・ サークル対話は15分程度にとどめます。対話の内容は、時事、観察、読み聞かせ、振り返り等、毎回変化を付け、惰性的な参加にならないように気を付けます。

・ グループリーダーも輪に加わります。子どもたちの対話がスムーズに展開するように留意する役割を担い、アドバイスは「経験ある大人」として必要最小限に留めます。

オランダ
(Nederland)

首都：アムステルダム
面積：約4.2万km²
（九州とほぼ同じ大きさ）
人口：約1700万人

第3期名古屋市教育振興基本計画（QRコード参照）では、本市において「画一的な一斉授業」から「個別最適化された学び（個別化・協同化・プロジェクト型学習）」へと公教育の構造転換に取り組むことが示されています。

今年度は「子ども一人一人の個性を大切にし、主体的に学習を進めることができる授業づくりのあり方について研究する」という趣旨の下、公募によって選ばれた実践者8人が、8月24日から9月1日まで**海外視察（オランダ）**へ行きました。

＜遊び＞

- 「遊び」も人間の発達のための自然な行為であり、子どもは遊びながら学び成長していると考えています。
- 子どもの自主性や直接体験が重視されています。学校には様々なおもちゃやボードゲーム、アスレチック等があり、子どもは自由にそれを選択することができます。

＜催し（行事）＞

★ 学校内には、いつでも発表会を行うことができる舞台設備と広いスペースがあります。

- ワールドオリエンテーションで探究したことなどを保護者や地域の方を招待して発表します。
- 誕生日を迎えた子どもは、その日は帽子をかぶり、学校中の先生のところに行ってカードにお祝いの言葉を書いてもらう習慣があります。
- 新学年の始まりや卒業のお祝い、また宗教的な行事や文化の伝統行事等は、学校全体の催しとして開催されます。

＜仕事（学習）＞

ブロックアワー（教科学習）

「ブロックアワー」とは普通1時間より少し長い時間を使い、教科学習を自分のペースで集中的に学ぶ時間です。

- 自分が立てた計画表に従い、自分が選んだ場所、方法で学びを進めていきます。
- 学校生活の様々な場面で、一人1台のタブレットが自由に使えます。

- グループリーダーは15分程度のインストラクション（説明）をしたり、巡回指導による個別支援を行ったりします。

[グループ協議]「日本にイエナプラン校を設立するなら…」

研修で学んだ講習内容や学校訪問で直接見聞きしたことを参考にしながら、グループで企画を進めました。最終日には、その成果をプレゼンテーションや自作の学校パンフレット等を用いて発表しました。

参加した実践者の声

イエナプラン教育は、手法ではなくコンセプトであり、その教育理念は、新学習指導要領の目指していることとも合致している部分が多いと感じた。オランダで行われていることをそのまま日本に持ち込むのではなく、工夫しながら取り入れ、目の前の子どもたちの個別最適化された学びにつなげていきたい。

ワールドオリエンテーション（日本でいう「総合的な学習の時間」）

「ワールドオリエンテーション」と教科学習による基礎学力や基礎知識の習得は、いずれも同様に重要なもので、相互補完的な関係にあります。

右の図は、ワールドオリエンテーションの進め方を自転車に例えて七つのステップにモデル化したものです。

「ヤンセンの自転車モデル」
①刺激する　②問いを集める
③計画する　④探究する
⑤発表する　⑥記録し保管する
⑦学習目標と照らす

- サークル対話で出した多くの問いをマインドマップに整理し、各自が自分の探究テーマを決めて探究していきます。
- 子どもたちは年間に、8〜9のテーマに対する問いを立て、探究を進めていきます。

今後の予定 ▷「画一的な一斉授業からの転換を進める授業改善」事業　学習会開催のお知らせ

実践者（8人）による海外視察の報告および国内視察研究者（28人）による国内視察の報告を中心とした学習会を行います。 ➡ 日時：12月25日（水）9：30～11：50
場所：教育センター講堂

3 PBL 理論に沿ったプロジェクト型学習の展開

　苫野一徳氏は『「学校」をつくり直す』（河出書房新社）の中でプロジェクト型学習を三つに分類しています。また，名古屋市教育センターでは「日本 PBL 研究所」の資料を参考にして，現在事例研究を進めています。

◆三つのプロジェクトの型

---

　① 「課題解決型プロジェクト」…地域のごみ問題など身近な課題から，エネルギー問題など世界を取り巻く課題に至るまで，様々な課題の解決策を考えたり，それを実際に実行したりするプロジェクト。

　② 「知的発見型プロジェクト」…古代文明にはどのようなものがあり，なぜ，どのようにして滅亡したのかを探究するような，知的な発見を目指すプロジェクト。

　③ 「創造型プロジェクト」…例えば小屋を建てたりドキュメンタリー映画を作ったりといった，ものづくりをするプロジェクト。

　※①〜③のそれぞれのタイプのプロジェクトは，探究の過程で融合する場合もあります。

◆名古屋市教育センターで試行しているプロジェクト型学習の展開例

① テーマを設定する

　教師から学習のねらいに応じた「トピック」を提示します。子どもは「トピック」を基に，自分の「問い」を立てます。

　子どもが「問い」を立てるために，「5W1H」を視点にマインドマップで考えを広げます。

　「問い」を基に，個人やグループで探究したいテーマを設定します。

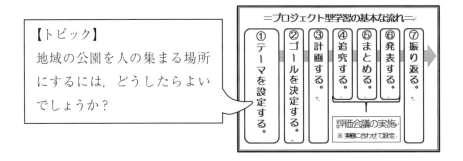

【トピック】

地域の公園を人の集まる場所にするには，どうしたらよいでしょうか？

② ゴールを決定する

プロジェクトのゴールを子どもと合意形成し，決定します。

例）：「公園のよさをアピールしたポスターを作成し，学区内に掲示したらゴール」

③ 計画する

個人やグループで設定したテーマで学習を進めていく上で，疑問に思うことや調べる必要があること，解決しなければならないことを考えます。

プロジェクトのゴールに向けて，何をどのような順序で進めていけばよいのかを計画します。

④　追究する

　　プロジェクトのゴールに向けて，自らの「問い」を基に追究します。

　　教師は，全て子ども任せにするのではなく，子どもに寄り添う姿勢をもつことが大切です。教師は，子どもと共に学ぶ仲間となり，「一緒に探そう」と寄り添ったり，教師のネットワークから必要な情報源を，紹介したりすることで子どもをサポートできます。

⑤　まとめる

　　探究活動を通して新たに発見したことや，自分の考えが変わったことなどを中心に，追究した内容をまとめます。

⑥　発表する

　　まとめたことを発表します。発表は，5W1H の視点をもって発表する内容を考えるようにします。また，『相手を見て・ゆっくり 丁寧に・語りかけるように』発表します。

★【評価会議】

　　「④追究する」「⑤まとめる」「⑥発表する」のいずれかの段階で評価会議を設定し，プロジェクトの途中で不十分な点や修正するとよい箇所を発見し，その後の課題が具体的にわかるようにします。

　　評価会議は，学年やクラス，またはグループ間での中間報告をしたり，ゲストティーチャーなどの外部の方に中間発表会をしたりしてレビュー（評価）を受け，その後の更なる探究活動につなげます。

⑦　振り返る

　　単元を通して１枚もののポートフォリオに取り組み，単元の最初と最後の記述及び毎時の振り返りを基に自己の変容を捉え，振り返るようにします。

　　子どもに学ぶ意味と「わかった」「できた」という手応えを実感させます。

4 自由研究できる力を（プロジェクト型学習を通して）育てる

　突然のコロナ禍で休校になっていた学校が本格的に 2020 年 6 月 1 日より再開されました。名古屋市は 2020 年 7 月 6 日に各校への通知文書「教育活動再開後の対応について（Ver.2）」の中で「自学自習の進め方を学ばせる指導について」方針を周知しました。

　そこでは，今後起こりうる，新型コロナウイルス感染症による臨時休業の備え等として，児童生徒が自宅で自学自習の力を高めたり，個別最適化の学びを児童生徒自身で進めたりできるようにするために，幾つかの例を参考にして，授業等（例えば，週 1 時間，特別活動や総合的な時間）を利用して自主学習の進め方を学ぶ活動を行うことが示されています。

　わたしは，今後学校の授業の中で，オランダで学んだワールドオリエンテーションのように，プロジェクト型の学びの経験を積ませていけば，きっと自宅での自学自習のとき自分で見つけた興味あるテーマについて問いをもって進んで探究活動，自由研究に取り組む子どもが育ってくると考えます。学び方を知った子どもは自分で学習の PDCA サイクルを回すことができると考えます。

　昔から，夏休みなどの課題として「自由研究」という課題が出されています。

　日頃の社会科や総合的な学習等の授業をプロジェクト化して「自由研究できる力」の育成をしていくという事前の指導が大切であるということです。

(1) 「自由研究できる力」の基盤づくり

　「自由研究」とは自らテーマを設定して問題の解決に取り組む営みのことです。コロナ禍で休校になれば，教師がそばにいるわけではなく，自分自身で問いを見つけて，自分の力で調べまとめていくといった活動を進めていきます。簡単に言うとプロジェクト型学習を自力で進めていくということです。

　学校での授業では，教師の指導のもと友だちと協力しながら，学習のテーマである学習問題を設定していって協働的に問題解決していきますが，自由研究は原則的に自分でテーマを見つけなければなりません。しかし，初期の段階としてはテーマは教師側が設定して，テーマに関わる問いを立てる場面からは子ども一人一人の意思や思いが最大限尊重していくとよいのではと私は思います。もちろん，テーマ提示では本物との出会い等を通して，子どもの興味関心が湧き上がるように刺激を与えることはもちろん必要です。

　例えば，テーマとして「歴史上の人物の中で心ひかれる人を見つけて，自分で問いを立てその人の生き方から学ぶべき点を探そう」を教師が設定し，興味ある人物を自分で見つけて，自力で問いを立てて，探究していくといった流れです。（子どもたちがプロジェクト型の学習経験を積んできたら，学習するテーマ自体の設定も自分の力でしていくことが求められてきますが。）

　研究テーマを見出したら，次のような事項を自ら明らかにする必要があります。

・自分はどのようなことを研究したいのか。（研究する問いの設定）
・なぜそのことを研究したいのか。（研究の目的や動機の明確化）
・どのような内容や視点から取り組むのか。（研究の仮説と視点の設定）

学校での授業は予め教師が作成した指導計画にもとづいて展開されますが，自由研究では，どのようなことを調べるのか。それらをどのような方法で調べるのか。どこに行って資料などを収集するのか。調べたことをどのようにまとめるのかなど，自由研究に関わるすべてのことが子どもに任せられており，子どもたちには「研究計画」を作成することが求められます。これは研究のスケジュールに相当します。自由研究の計画を立てることによって，研究に対する見通しが立ち，追究意欲も高まってきます。「自ら研究計画を作成する力」は自由研究の成果を大きく左右するものだと考えます。

　日頃の授業においては，教師が問題解決の内容や方法を一方的に指し示すだけでなく，子どもたちには「学習計画」を作成する活動を繰り返し体験させておく必要があります。

　学校での授業では，教師がいつもそばにいて，困っている子どもには，教師のほうから出向いて適切に助言することができます。

　しかし，家庭で取り組む自由研究の場合にはそうはいきません。すべて自分だけで取り組み，自力で問題解決することが基本です。

　調べる段階では，本や資料も自分で収集することが求められます。各所に SNS を利用して取材することも自力でしなければなりません。質問事項も予め自分で考えておく必要があります。集めた資料などを読み取ることも自分で行います。わかったことを整理したりまとめたりする活動も自分で行います。すべてが自分にかかっています。

　問題解決のための調べ方やまとめ方など学び方を十分，日頃の授業，プロジェクト型の学習で経験させておく必要があります。

(2) 「自由研究」の方法を身に付ける

　子どもたちが教師から離れて，自力で自由研究に取り組むことができるようになるには，日頃の授業，プロジェクト型の学習経験がカギを

握っています。

　また，**休校になる前には，自由研究の仕方を指導する時間を設定する**べきです。そこでは，次のような内容を含んだプリントを用意して，自由研究の仕方について指導できるとよいと考えます。

◆自由研究の進め方

1　研究テーマを考える

　（例えば，教師が「歴史上の人物の中で心ひかれる人を見つけて，自分で問いを立てその人の生き方から学ぶべき点を探そう」という研究テーマを設定し，なぜその人物を選択したかを書く）

　探究したい問いを考えよう。探究したい問いとは，疑問に感じていたこと調べたいと思っていたことを一つの文で表したものです。自分で後で述べる「マインドマップ」をつくったり，「疑問・質問のマトリックス」にあてはめて，とりあえずの探究のテーマを決めましょう。

（探究したい問いの例）
・聖武天皇はどのように巨大な大仏をつくらせたのか。
・織田信長は天下統一をするために，どんなことをしていったのか。
　等

2　問いについて予想する

　予想したことに理由や根拠が述べられるとよいです。予想できない場合には省略します。

3　研究計画を立てる

　研究計画を作成すると，研究の見通しが立ちます。インターネットや NHK for school の動画，図書館の図書資料で調べたり，博物館等を訪ねたりする方法があります。現地を見学することもできます。カメラやメモ用紙など必要なものを用意します。無理な計画を立てないようにします。

4　計画にもとづいて研究を進める

　　集めた資料からわかったことを整理します。資料の丸写しはさけます。資料の名前や出典をメモしておきます。写真を撮るときには了解をとってからにします。インターネットの資料は確かなものかどうかを確認します。研究を進めていくと，最初の計画が変更されることもあります。例えば，「なぜ聖武天皇はここまで大きな大仏をつくったのか」「信長は戦乱の世の中でどんな世の中をめざしたのか」といった本質的な問いが派生して出てきて新たな問いとして広がってくることもあります。

5　研究内容を整理しまとめる

　　調べたことや分かったことなどを分かりやすく構成します。模造紙に整理する，クリアファイルにとじる，新聞の形式にまとめる，コンピュータのプレゼンソフトでまとめるなどの方法があります。

【まとめ方の例】

　1　研究テーマと探究する問い

　2　研究テーマ設定の理由

　3　研究の仮説（省略してもよい）

　4　研究の方法

　5　研究の内容（調べたこと）

　6　研究の成果と今後の課題

　7　参考文献，お世話になった人など

◆自由研究の留意点

　　自由研究をどの程度経験しているかによって，教師の子どもたちへの関わり方は変わってきます。はじめて自由研究に取り組む子どもを想定して，丁寧にオリエンテーションすることが必要です。例えば，探究し

たい問いに疑問詞を含めるという点です。

　一般に見る自由研究のテーマは「2020年の自然災害について」「東京オリンピック・パラリンピックについて」など，テーマに疑問詞が含まれていないものが多いです。調べたことをまとめるだけで終わらせないためには，研究テーマに「なぜ」「どのように」など疑問詞を含めて探究する問いをつくるようにするとよいと思います。

　このことによって，予想を促すこともでき，問題解決に必要とされている思考力，判断力，表現力などの能力をはぐくむことができます。

　その際は，以下のようなマインドマップ（一部抜粋）をつくったり，先ほど述べた「5W1H」にあてはめて問いをつくるように指導するとよいと考えます。

　これらの方法は一度「探究型の学び」を学校で経験させれば自分でできるようになります。

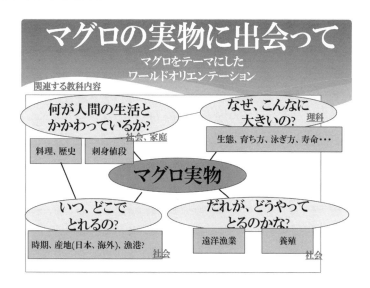

　まぐろの実物に触れて，子どもは驚きつぶやきを口々に言います。それを生かしながら，まぐろについて調べたいこと等は付箋紙に書きます。

前頁のようにキーワード化したり，疑問文で書いたりして子どもは付箋紙に書いてきますので，それを発表させることを通して，うまく分類したり，関連付けたりしていきます。教師はもちろん，事前に想定されるマインドマップを自分でつくっておく必要があります。それを十分念頭に置いて，子どもたちがマインドマップを完成させていくことができるように支援します。

探究したい問いの例

・マグロはだれが，どのように獲っているのかな。

・マグロは，いつ，どこで獲れるの？

・巨大マグロはどんなふうにして育ってくるのだろうか。そして生活しているのかな。

・マグロを日本人はいつごろからどのように料理するようになったのかな。

など探究する問いを決定します。

　いくつか「自由研究」とか「調べる学習の手引き」をインターネットで検索してみましたが，東京都大田区立松仙小学校のホームページのものが素晴らしいと感じました。

　その小学校では，「総合的な学習の時間　完全攻略本2020」（子ども向け手引き書）として紹介されており，ダウンロードできるようになっています。（令和2年9月現在）自由研究の進め方を説明する際，とても参考になると思います。

5　新学習指導要領の評価の重点─主体的な学習態度─を育てるプロジェクト型の学び

　今回の大きな変更点は，新学習指導要領における資質・能力の三つの柱を受けて，学習と評価の一体化を推進する観点から，評価を「知識・技能」「思考・判断・表現」「主体的に学習に取り組む態度」の3観点に改めたことです。

　また，「主体的に学習に取り組む態度」の評価については，各教科の観点の趣旨に照らし，**知識および技能を獲得したり，思考力・判断力・表現力などを身に付けたりすることに向けた粘り強い取り組みの中で，自らの学習を調整しようとしているかどうかを含めて評価する**とされ，現場ではどのように評価をしていけばいいのかという教師の悩みがよく聞こえてきます。

　これについては，知識や技能を獲得したり，思考力，判断力，表現力等を身に付けたりすることに向けた粘り強い取り組みを行おうとする側面と，自らの学習を調整しようとする側面という，2つの側面から評価

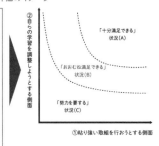

「指導と評価の一体化」のための学習評価に関する参考資料 10 頁より
令和元年 11 月　国立政策研究所教育課程研究センター作成

することが求められています。

　学習には今日は２時間勉強した，問題をたくさん解いたといった「量的に頑張る」という側面がありますが，これは「粘り強い取り組み」にあたります。これももちろん大事なのですが，これからは質，つまり，学習方法にも注目する必要があります。

　学習の自己調整とは「学習のPDCAサイクルを学習者自身が回す」ということを意味します。学習は，学校での授業だけでするのではありません。家庭学習も含めて自分で計画を立てて実行し，問題集に取り組んだり，テストで間違えた問題をチェックし，なぜ間違えたのかを分析し，次の学習に生かしていく，そういうことができる力を付けていこう，ということです。

　こうした資質能力を付けていくには，プロジェクト型の学びの経験を蓄積していくことが大事だろうと考えます。調べたいテーマに対して自分で探究したい問いをみつけ自分なりの学習計画を立てて，自分なりの仕方で解決していく，そして，学びの成果と課題を分析し，次の学習に生かしていく，探究型の学習の手順や方法は学習を自己調整することそのものであると思います。

　教師はこれからもっと学習方法つまり，学び方を意識して指導していく必要があるのではないかと思うようになりました。学校で学習方法までを教えてくれないことが多いのです。

　例えば，小学校であれば，４年生の子どもたちに都道府県名やその特色等を楽しく知らず知らずのうちに覚えていこうとするとき，「これからどうやって勉強する？」と問いかけてみてほしいと思います。「パズルを活用する」「クイズやカルタにしてみんなで覚える」「ＰＣソフトを活用して繰り返し練習問題に取り組み覚える」などの意見が出てくるかもしれません。このように学習方法について考える機会をつくっていくことが必要であると考えます。

　いろいろなやり方を知った上で，どのやり方が自分に合いそうかを子ども自身が考え，改善していこうという姿勢が大切です。最終的に学習方法を選ぶのは子ども自身であり，他の方法を考えるのも子ども自身です。しかし，そのきっかけをつくったり，例を示したりする指導をある程度プロジェクト型の学びの中で入れていくことが学校に求められると思います。

　子どもが自分なりに学習のPDCAを回しているのかどうかは，授業の中でわからないことをメモしたり，調べ直したりするなどメタ認知的な態度が見られるか，学習計画をどんなふうに立てているのか，学習の仕方を工夫しているか，などから見取ることができますし，ポートフォリオ，ノートやワークシート等への記述からも読み取ることができるはずです。例えば，「授業の前はここがわからなかったけど，授業の中でこういうことがわかりました」などと思考の経過を自己評価して書いてくる子どもはメタ認知の力があるということです。普段から子どもたちが学習に取り組む姿勢を見取りながら，自分なりに学習方法を工夫することを促す指導につなげていく必要があります。

　今回改訂された新学習指導要領において，主体的な学びの見取りが改変され力点が置かれていることがよくわかり，プロジェクト型の学習，探究型の学びはまさにこのような資質・能力を育てるうえで欠かせない学びであると考えます。

II 実践編

Contents

1 小学校社会科カリキュラムの中核をプロジェクト化する

⑴ 小学校6年 歴史学習では

『小学校社会科実践の不易』（2020年2月，黎明書房）144頁に「歴史トラベラー」の実践が「学びの個別化・協同化・プロジェクト化の融合」のモデル例になるのではという論を展開しました。

「一人一人が自分が興味・関心をもった歴史上の人物（や事象）を一つ選択し，自分なりの問いを立てて，自分なりの仕方で探究し，自分なりの『答え』を見つけていく」のが歴史トラベラーです。

歴史トラベラーは自分が担当する歴史の単元学習時期になったら，調べた成果と課題を他の子どもたちに謎解き風に「問い」として全体に投げかけ，仲間や教師と協同（力を合わせる）して，授業づくりのかじ取りをしていくのです。

ただ，これからいつコロナ禍で再び，休校になったりするか，先のことがまったく見えない状態です。

理論編で述べたように，自由研究できる力を日頃の授業で身につけておけば，たとえ休校中であっても様々な探究型の学びに浸ることができる課題に，子どもたちは取り組むことができると考えます。

そこで，指導要領で例示されている42人の歴史人物について調べる「歴史人物研究」を主題に，42人の中から一人（またはやり方によっては数人）の人物を選択して探究型の学びができるようにします。

もし，万一休校になる時期がいつかはっきりしたら，例示されたこれから学ぶ時代の何人かの中から選択して調べる対象を限定することもできます。

例えば，11月ぐらいになって休校になれば「江戸時代後半には，ど

のような新しい文化や学問が生まれて社会に広がったか探究するために，近松門左衛門，歌川広重，本居宣長，杉田玄白，伊能忠敬の中から一人選択し調べていく」といった自由研究です。もちろん休校でなければ，探究型の学びを経験させればよいと思います。地域の歴史人物，例えば名古屋では文化人ではありませんが，名古屋を芸どころに発展させた「徳川宗春」等を調べる対象に加えても学習に広がりをみせ，郷土への関心も高めることができます。

オリエンテーションでは，刺激を与えることが大事です。歴史ではなかなか本物との出会いは難しいかもしれませんが，人物画やエピソードも取り入れながら，それぞれの人物に興味関心がもてる出会わせ方を工夫できたらと思います。導入で十分に歴史人物に浸らせる工夫が大切です。42人ならば，教科書，資料集，歴史まんが，インターネット上にも豊富な資料が存在します。学び方さえしっかり指導すれば，子どもたちを充実した探究に浸らせることができます。

歴史トラベラー大募集

「歴史上の人物を社会科の勉強で扱うことになったとき，授業のかじとりやリーダー役をやってもらいます。ときには調べたことを発表してもらったり，調べて「はてな？」「謎だな？」って考えたことを，みんなに「問い（問題）」としてクイズなどにしながら提案してもらったりします。ときにはみんなで話し合う問いになるかもしれません。歴史学習を始めるときに活用した年表とその時代の登場人物をざっとながめて，調べたい人物を選択しておきましょう。」等子どもたちに投げかけます。

各時代や名古屋で採択されている教科書T社の出てくる人物の順序等で人物をA～Lまで仲間分け・分類してみました。この仲間分けで一人選択して調べることが考えられます。例えば，教師はA～Lを扱う単元

や時代で一人一人の探究型の学びができるように指導計画を立てます。

A	縄文，弥生（ここは時代の選択も可能），卑弥呼
B	聖徳太子，小野妹子，中大兄皇子，中臣鎌足
C	聖武天皇，行基，鑑真
D	藤原道長，紫式部，清少納言
E	平清盛，源頼朝，源義経，北条時宗
F	足利義満，足利義政，雪舟
G	ザビエル，織田信長，豊臣秀吉
H	徳川家康，徳川家光
I	近松門左衛門，歌川広重，本居宣長，杉田玄白，伊能忠敬
J	ペリー，勝海舟，西郷隆盛，木戸孝允，大久保利通，明治天皇，福沢諭吉
K	板垣退助，大隈重信，伊藤博文
L	陸奥宗光，東郷平八郎，小村寿太郎，野口英世

　原始・古代（縄文→弥生→古墳→飛鳥→奈良→平安），中世（鎌倉→南北朝→室町），近世（安土桃山→江戸），近代（明治→大正→昭和）で人物を仲間分けする方法もあります。

　他にも歴史学習すべて終わった後に，もっと詳しく調べたい歴史人物を一人選んで探究するといった方法もあります。また，一人一人が人物について探究し調べていくうちに，「はてな？」「謎だな？」と思うことにぶち当たったら，みんなでその謎，つまり問いを考える話し合い活動に発展できるとよいと考えます。これは歴史トラベラーの実践で最後に詳しく掲載します。→65頁

　以下，こんな風に探究型の学びを進めていったらという人物カードの項目例を考えてみました。また，これは休校になって自由研究するときにも活用できます。

人物カード例　　　　　　○○について調べよう

1　調べる人物名

2　活躍した時期　　　　　年～　　　　　年　　　　　時代

3　どんな問いを調べるのか。（どのようなことをしたのか。なんの
ためにそのことをしたのか。など）

4　さらに詳しく調べてみたいこと，みんなで考えたい問い，謎

5　その人物が生きた時代の世の中（社会）の様子や，その人物が
その時代に果たした役割についてまとめよう。

6　人物とかかわる文化遺産，おもしろ豆知識，エピソード，似顔
絵　等

7　参考にした本や資料名

探究する 42 人の人物プロフィール

人物名	どのようなことをしたのか。	みんなで考える 問い例 はてな？　謎？
卑弥呼　A <small>ひ み こ</small>	中国の古い書物「魏志倭人伝」では，**邪馬台国**とよばれるくにを治め，30 ほどのくにを従えていたとされている女王。	
聖徳太子　B <small>しょうとくたいし</small>	**冠位十二階や十七条の憲法**を定めて，天皇中心の国づくりを目指した。**法隆寺**（世界最古の木造建築物）を建てた。	
小野妹子　B <small>おののいもこ</small>	聖徳太子の命で，**遣隋使**として大陸に渡った。政治の仕組みなど大陸文化を伝えた。	小野妹子はどんな気持ちで大陸へ渡ったのだろうか。
中大兄皇子 <small>なかのおおえのおうじ</small> B	**大化の改新**で蘇我氏を倒し，税の仕組みなどを整え，**天皇中心の国づくり**を進めた。のちに**天智天皇**となる。	
中臣鎌足 <small>なかとみのかまたり</small> B	中大兄皇子とともに蘇我氏を倒す（**大化の改新**）。のちに藤原を名乗る（**藤原道長**の祖先・藤原鎌足）。	
聖武天皇　C <small>しょうむてんのう</small>	奈良時代に，都に大きな**大仏**を，地方に**国分寺（国分尼寺）**をつくらせ，**仏教**の力を利用して国を治めようとした。皇帝中心の政治のしくみや**大陸の文化**を遣唐使らに学ばせた。	大仏づくりによって世の中は救われたのか。大仏づくりによって聖武天皇が考えた世の中が達成されたか。

行基 （ぎょうき）　C	諸国をまわって**仏教を広め**，橋や道路などをつくった。大仏づくりにも協力し，日本最初の大僧正となる。	
鑑真 （がんじん）　C	奈良時代に，日本に正式な**仏教や薬草の知識**を広めるために**唐から招かれた**高僧。	遣唐使たちは進んで唐に行ったのか。
藤原道長 （ふじわらのみちなが） D	自分の娘を天皇の后にするなどして，天皇との結びつきを強め権力をもち**貴族**を動かすようになった。 参考：息子の頼通は平等院鳳凰堂を建てた。	
紫式部 （むらさきしきぶ）　D	かな文字で，物語「**源氏物語**」を書いた。現在も世界各国で読まれている。日本風の文化（国風文化）の一つ。	
清少納言 （せいしょうなごん）　D	すぐれた随筆「**枕草子**」を書いた。日本風の文化（国風文化）の一つ。	
平清盛 （たいらのきよもり）　E	平安時代の終わりに，藤原氏にかわって政治を行った（武士で初めて**太政大臣の地位**につき，政治権力をにぎった）。厳島神社をつくる。	
源頼朝 （みなもとのよりとも） E	源平の戦いで勝利し，**征夷大将軍**となって**鎌倉幕府**を開いた。**御恩と奉公の関係**を確立して武士を従えた。 御恩：将軍に，自分の領地を守ってもらったり，功績に応じて新しく領地をもらったりすること。 奉公：将軍のために，戦いに参加したり，幕府などの警備をしたりすること。	頼朝はどうして弟・義経を追い詰め，自害させたのか。
源義経 （みなもとのよしつね） E	源平の戦いでは中心的な役割を果たし，**壇ノ浦で平氏をほろぼし**，源氏を勝利にみちびいた。	同上

北条時宗 （ほうじょうときむね） E	源頼朝の妻北条政子（北条氏）の子孫。 **鎌倉幕府の執権**（将軍を助ける職）として，**元との戦い**で活躍。	
足利義満 （あしかがよしみつ）　F	室町幕府の3代将軍（征夷大将軍）。 京都の北山に**金閣**を建てた。	
足利義政 （あしかがよしまさ）　F	室町幕府の8代将軍（征夷大将軍）。 京都の東山に**銀閣**を建てた。	
雪舟 （せっしゅう）　F	室町時代に**水墨画**を大成させた。	
ザビエル　G	スペインの宣教師。 **キリスト教**の教えを日本に広めた。	
織田信長 （おだのぶなが）　G	**安土城**を拠点に全国統一をめざした。 関所をなくし，**楽市楽座**を進めた。 **鉄砲**を使った戦術。 **本能寺の変**で家来の明智光秀に倒された。	信長が少ない軍勢で今川義元の大軍に勝てたのはなぜか。 →66頁 信長は比叡山の焼き討ちで女や子どもまで殺す必要があったのか。本能寺の変の謎。
豊臣秀吉 （とよとみひでよし）　G	**全国統一**をなしとげた。 **大坂城**を築いた。 **検地**を行い，**刀狩**をした。	天下統一に向けての働きがより大きかったのは信長か秀吉か。
徳川家康 （とくがわいえやす）　H	関ケ原の戦いに勝利し，征夷大将軍となって**江戸幕府**を開いた。幕府による**全国支配**の体制を整えた。一国一城令。**武家諸法度**。	徳川家康はなぜ名古屋城をつくったのか。

徳川家光　H （とくがわいえみつ）	江戸幕府の3代将軍。 **鎖国を完成**させた。 **参勤交代**の制度を定めた。 生まれながらの将軍。	家光は参勤交代などを実行することでどんな世の中をつくろうとしたのか。
近松門左衛門 （ちかまつもんざえもん） Ｉ	江戸時代に芝居の本を書いた人。 **歌舞伎や人形浄瑠璃**の作者。	
歌川広重　Ｉ （うたがわひろしげ）	**江戸時代の浮世絵師。** 「**東海道五十三次**」などの風景画が有名。	
本居宣長　Ｉ （もとおりのりなが）	日本古来の考え方を大切にする**国学**を広めた学者。 「古事記」を研究し「**古事記伝**」を完成。	
杉田玄白　Ｉ （すぎたげんぱく）	**蘭学**を学んだ医者。 オランダの医学書を日本語に訳し，「**解体新書**」を出版した。	
伊能忠敬　Ｉ （いのうただたか）	全国各地を実測し，**日本地図の作成**に努めた。（死後，弟子により日本地図が完成）千葉県出身。	忠敬のつくった地図をどうして幕府は隠したのか。
ペリー　Ｊ	アメリカ・東インド艦隊の司令官。 浦賀（神奈川県）に艦隊を率いて来航し開国を要求。**日米和親条約**を結んだ。	
勝海舟　Ｊ （かつかいしゅう）	咸臨丸に乗り，日本人で初めて太平洋横断航海を成し遂げた。**西郷隆盛と江戸城開城について話し合った**	
西郷隆盛　Ｊ （さいごうたかもり）	薩摩藩（鹿児島県）出身。 **長州藩と同盟を結び江戸幕府を倒した。** 明治時代の**西南戦争**で新政府に敗れる。	なぜ西郷は新政府軍・親友の大久保と戦うことになったのか。

木戸孝允 （きどたかよし） J	長州藩（山口県）出身。江戸時代末期から明治維新期の政治家。**五箇条の御誓文**を作成した。	
大久保利通 （おおくぼとしみち） J	江戸時代末期から明治維新期の政治家。明治政府の最高実力者として，廃藩置県を行う。**地租改正，徴兵令**などを実施。**富国強兵（殖産興業）**をめざす。	大久保らの進めた改革によって人々の生活はよくなったのか。
明治天皇 （めいじてんのう） J	**王政復古の大号令**で明治政府をつくった。大日本帝国憲法発布の式典では，総理大臣に憲法を手渡した。	
福沢諭吉 （ふくざわゆきち） J	**「学問のすすめ」**を書いた。この本は，総発行部数340万部のベストセラーといわれる。	学問のすすめは当時これほどまでに売れたのはなぜか。
板垣退助 （いたがきたいすけ） K	自由党をつくり，国会を開くことなどを求める**自由民権運動**の中心となった。	
大隈重信 （おおくましげのぶ） K	立憲改進党という**政党**をつくり，自由民権運動の中心となった。	
伊藤博文 （いとうひろぶみ） K	**日本最初の内閣総理大臣**になった。ドイツの憲法を学び，**大日本帝国憲法**をつくった。	
陸奥宗光 （むつむねみつ） L	不平等な条約の解消に努めた外務大臣。**領事裁判権**をなくすことに成功した。	
東郷平八郎 （とうごうへいはちろう） L	海軍大将として，**日露戦争**の日本海海戦でロシアのバルチック艦隊を破る。	
小村寿太郎 （こむらじゅたろう） L	不平等な条約の解消に努めた外務大臣。**関税自主権**を回復させた。	
野口英世 （のぐちひでよ） L	細菌学者（医者）として，**黄熱病**の解明に努めた。	

　また事象として，戦争を扱う単元では，マインドマップで問いを集めて，「戦争の被害」，「戦争中の生活」，「原爆投下」，「戦争の広がり」など，各自1つテーマを決めて探究するプロジェクト型学習が展開できる。

(2)　小学校6年　国際編では

　新学習指導要領では，6年の「日本とつながりの深い国々」の学習で，我が国とつながりが深い国々から教師が3か国程度取り上げ，その中から児童一人一人が自らの興味・関心や問題意識に基づいて1か国を選択し主体的に調べるよう指導することが明記されています。平成10年の学習指導要領からずっと引き継がれています。

　ここの単元だけわざわざ「児童が1カ国を選択し，調べるよう配慮する」となっています。平成10年の改訂のとき「人生は選択の連続であることを踏まえて，子ども自身の選択能力を育成する視点から小学校の最後の時期に位置付け学習するようにした」という話を当時，文科省の教科調査官から聞いたのを記憶しています。

　我が国と経済や文化などの面でつながりの深い国々における人々の生活等を調べて，生活・文化・習慣等との違いを尊重できるようにしていきたいと考えます。

　名古屋市が採択している教科書では，**アメリカ合衆国**，**大韓民国**，**中華人民共和国**，**サウジアラビア**が**例示**され，インド，ブラジルも紹介されています。

　今すぐできることは，社会科の授業の中でこうした探究型の学びが発揮される場面を特に重点的に指導したり，各単元で可能なら課題選択学習等を取り入れ，子どもたちが主体性を発揮できる探究型の学習場面をどんどんつくっていったりしていきたいと思いますがいかがでしょうか。

　導入の刺激として，それぞれの国の特徴的な食べ物を紹介し，それぞ

れの食体験を問うとか，各国の料理を試食し合うとかなど工夫できると
よいでしょう。（家庭科との関連）

　あとは同じく，子どもたちがマインドマップを活用して探究したい問
いをつくって学習を展開させていけばよいでしょう。

　マインドマップ等をつくる時間がとれなければ，下記のような調べる
視点を例示しながら問いを考えるとよいと考えます。

1　日本との位置関係，世界地図の中の位置や面積等
2　学校の様子，生活
3　衣食住
4　産業の様子
5　文化やスポーツ
6　伝統的な行事や習慣，宗教
7　日本とのつながりや交流
8　簡単な挨拶紹介
　　　　　（太字は名古屋市が採択した教科書で例示されている）

　最終的には，調べた国々で日本と似ているところ，大きく違うところ
を協同学習として話し合い活動ができるとよいと考えます。

(3)　小学校6年　社会科＋総合「心ひかれた人」

　歴史上の人物だけでなく，現代までを含めて，自分が「心ひかれた
人」を一人自分自身で選んで，その人物がどんなことをした人か，プロ
フィールをつくります。その人のどこにひかれたのか，その理由等につ
いて考え，自分の生き方にどう取り入れていくかについて発表し合う活
動を行います。

　キャリア教育の視点で，自分が思い描く将来像や夢と関連させて，ま

とめていくという夢育プロジェクトです。

　これは私が在籍校で平成14年につくった総合的な学習の時間カリキュラムの一部です。6年生は最後夢をもって旅立ってほしいという願いもあり，位置付けました。

月	単元	内容	指導の手順とポイント
1 2 3	心をひかれたいろいろな人の生き方から学ぼう	いろいろな人の生き方から，これからの自分の生き方を見つめる。 ・歴史上で活躍した人物 ・仕事にこだわりながら取り組んでいる人 ・困難にめげずがんばっている人 ・自分をなげうってまで人間や生き物につくす人など まとめ方・伝え方 ・新聞 ・紙に書いてみんなに印刷 ・キューブプロジェクターやデジカメ投影	○　自分で調べたい人を決めて調べる計画を立てる。 調べる方法 ・インターネット ・図書資料 ・聞き取り，取材 ・コンピュータソフト「歴史新聞記者」等 ○　どの人を調べたのか，それはなぜか，調べはどのように進めたか，その人の生き方から学んだこと・伝えたいことは何かという順で伝え方を考える。

⑷ 小学校5年　わたしたちの国土編，わたしたちの生活と産業編では

　5年生については，単元ごとに学ぶ事例を各校で選択できるように
なっているので，**教科書等を活用して，事例（課題）選択学習**を進める
ことができます。

　例えば，「わたしたちの国土」を扱う単元ではT社の教科書は下記の
ように例示されています。

単元のテーマ	事例選択1	事例選択2
地形条件から見て特色ある地域	低い土地のくらし岐阜県海津市輪中地域	高い土地のくらし群馬県嬬恋村
気候条件から見て特色ある地域	あたたかい土地のくらし沖縄県	寒い土地のくらし北海道

　他の食料生産や工業生産では，山形県の庄内平野とか，工業単元では
愛知県豊田市を中心に扱うようになっています。ただ，広げる事例とし
て福井県福井平野の米づくり，茨木県関東平野のレタスづくり，福島県
福島盆地のももづくり，鹿児島県の肉牛，長崎県長崎市の造船業等も少
しずつ事例が紹介されています。

　情報産業ではテレビか新聞のどちらかを，情報や情報技術を活用して
発展している産業では販売（教科書はコンビニ中心），運輸（バス），観
光，医療・福祉等事例を選択できるようになっています。

　これらについて，一人一人が興味関心をもった事例を自分で選び，問
いをつくって，調べていくことがプロジェクト型学習として工夫できま
す。5年生の学習内容は歴史学習や国際，都道府県と違って資料がなか
なか見つかりにくいというハードルがあります。教科書や資料集等を活
用しての学習，電子メールやインターネットを通しての学習が中心にな
ると考えます。

　一刻も早い一人一台タブレットの導入が急がれます。（ただ，コンビニ等は身近に聞き取り調査ができますが……。）

　学校で選択事例の学びを一つ経験させておけば，学び方がわかった子どもにとっては，自由研究の題材としても応用可能だと考えます。

　領土問題を扱うなら北方領土，尖閣諸島，竹島から選択して調べることは官公庁のホームページも充実しているので子どもに調べをゆだねることもよいと思いますし，「自然災害を防ぐ」単元でも様々な災害（地震災害，津波災害，風水害，火山災害，雪害）と豊富な事例があるので，課題選択学習を展開していくことが可能です。

　5年生の社会科学習はあらゆる単元において課題選択学習として探究型の学びが展開できるチャンスが多くあります。どこかの単元は一人一人の子どもを信頼し，任せて，支えていくプロジェクト型の学習を展開してはいかがでしょうか。

⑸　小学校4年　47都道府県編では

　日本の都道府県の特色を調べる学習もプロジェクト化できます。チームをつくり，**チーム内で役割や分担を決めて，47都道府県の位置や特色，くらし等を調べていき，最終的にチームごとにカルタの読み札と取り札をつくるというプロジェクト**（「ミニ探究型の学び」とも言えます）です。

　調べる視点は，県庁所在地，有名な観光地，地元のスポーツチーム，特産品，空からみた形状等です。もちろん，時間がとれればマインドマップで各都道府県を調べていくための問いを共有していくこともできます。

　クラス全員で調べたことを出し合い，共通の読み札にしてカルタとして，クラス全員で楽しむという方法も楽しいと思います。

この学習はそれぞれの子どもたちか教科書，地図帳，資料集，保護者への聞き取り，インターネット等で意欲的に調べます。

　もちろん，休校になれば，一人一人が47都道府県について調べてカルタとかクイズをつくるという学びにすることもできます。オリエンテーションさえ，しっかりすれば休校中も充実した学びが期待できますし，学校が再開したら調べたことを基に皆で読み札をつくることができます。

　下のカルタは，わたしが担任のとき，皆で47都道府県を調査し，つくり上げたカルタの読み札です。調べたことをいくつかキーワード化して表記する形にしました。もちろん，文章化してもよいと思います。キャッチフレーズのように。本当に子どもたちが熱中してやりました。応用としては歴史人物カルタもできます。とにかく，盛り上がります。

＊なお下のカルタは当時（平成10年）の情報を基につくられています。今とは違う内容（日本一高いビルなど）がありますのでご注意ください。

北海道 （ほっかいどう）	青森県 （あおもり）	岩手県 （いわて）
・じゃがいも ・ポテトチップス ・乳牛をかう ・雪まつり ・まりも	・りんごおいしい ・青函トンネル ・ねぶた祭り	・リアス式三陸海岸 ・ひとめぼれ ・ウサギコウモリ
県庁所在地は（けんちょうしょざいち） 札幌市（さっぽろ）	県庁所在地は（けんちょうしょざいち） 青森市（あおもり）	県庁所在地は（けんちょうしょざいち） 盛岡市（もりおか）

# 秋田県 （あきた） ・美人 ・あきたこまち ・すぎの木 県庁所在地は（けんちょうしょざいち） 秋田市（あきた）	# 山形県 （やまがた） ・米作りのさかんな庄内平野 ・さくらんぼ日本一 ・将棋の駒日本一 県庁所在地は（けんちょうしょざいち） 山形市（やまがた）	# 宮城県 （みやぎ） ・遠洋漁業の基地 ・楽天 ・伊達政宗 ・ベガルタ 県庁所在地は（けんちょうしょざいち） 仙台市（せんだい）
# 福島県 （ふくしま） ・もも ・会津ばんだい山 ・猪苗代湖（いなわしろ） 県庁所在地は（けんちょうしょざいち） 福島市（ふくしま）	# 新潟県 （にいがた） ・こしひかり ・寒い雪国のくらし ・佐渡島（さどがしま） ・トキ ・日本一長い信濃川（しなのがわ） 県庁所在地は（けんちょうしょざいち） 新潟市（にいがた）	# 茨城県 （いばらき） ・岩井市のレタス ・筑波研究学園都市（つくば） ・納豆 ・水戸黄門 ・アントラーズ 県庁所在地は（けんちょうしょざいち） 水戸市（みと）
# 栃木県 （とちぎ） ・ギョーザ ・日光東照宮（とうしょうぐう） ・猿軍団 ・いちご日本一「とちおとめ」 県庁所在地は（けんちょうしょざいち） 宇都宮市（うつのみや）	# 群馬県 （ぐんま） ・高崎だるま（たかさき） ・こんにゃく日本一 ・富岡製糸場（とみおかせいしじょう） 県庁所在地は（けんちょうしょざいち） 前橋市（まえばし）	# 長野県 （ながの） ・オリンピック ・野沢菜漬け（のざわなづけ） ・上高地（かみこうち） 県庁所在地は（けんちょうしょざいち） 長野市（ながの）

埼玉県 さいたま	東京都 とうきょう	千葉県 ちば
・ライオンズ ・レッズ ・人形の生産日本一	・日本の首都 しゅと ・国会議事堂 こっかいぎじどう ・昔は江戸 ・新宿 しんじゅく ・渋谷 しぶや ・ジャイアンツ	・東京ディズニーランド ・人口急増浦安市 うらやす ・成田空港 なりた ・しょうゆ生産日本一
県庁所在地は けんちょうしょざいち さいたま市	県庁所在地は けんちょうしょざいち 東京 とうきょう	県庁所在地は けんちょうしょざいち 千葉市 ちば
神奈川県 かながわ	山梨県 やまなし	富山県 とやま
・ベイスターズ ・中華街 ちゅうかがい ・ベイブリッジ ・日本一高いビル「ランドマークタワー」 ・鎌倉 かまくら	・ぶどう ・ワイン ・富士山 ・リニアモーターカー 　鉄道実験線	・イタイイタイ病 ・マスずし ・チューリップ ・黒部ダム くろべ
県庁所在地は けんちょうしょざいち 横浜市 よこはま	県庁所在地は けんちょうしょざいち 甲府市 こうふ	県庁所在地は けんちょうしょざいち 富山市 とやま
岐阜県 ぎふ	静岡県 しずおか	愛知県 あいち
・長良川 ながら ・金華山 きんか ・中津川 ・白川郷 しらかわごう	・石垣イチゴ いしがき ・サッカーが盛ん ・登呂遺跡 とろいせき ・熱海温泉 あたみ ・サファリパーク ・お茶日本一	・ひつまぶし ・金のシャチホコ ・万博 ばんぱく ・世界のトヨタ ・ドラゴンズ
県庁所在地は けんちょうしょざいち 岐阜市 ぎふ	県庁所在地は けんちょうしょざいち 静岡市 しずおか	県庁所在地は けんちょうしょざいち 名古屋市 なごや

石川県 (いしかわ)

・輪島ぬり (わじま)
・能登半島 (のと)
・ゴジラ松井が生まれた
・兼六園 (けんろくえん)

県庁所在地は (けんちょうしょざいち)

金沢市 (かなざわ)

福井県 (ふくい)

・越前ガニ (えちぜん)
・若狭湾 (わかさわん)
・メガネ日本一
・東尋坊 (とうじんぼう)

県庁所在地は (けんちょうしょざいち)

福井市 (ふくい)

滋賀県 (しが)

・日本一の湖の琵琶湖 (びわこ)
・安土城 (あづちじょう)

県庁所在地は (けんちょうしょざいち)

大津市 (おおつ)

三重県 (みえ)

・四日市ぜんそく
・スペイン村
・伊勢神宮 (いせじんぐう)
・松坂牛 (まつさか)
・真珠 (しんじゅ)
・鈴鹿サーキット (すずか)

県庁所在地は (けんちょうしょざいち)

津市 (つ)

京都府 (きょうと)

・古いお寺がいっぱい
・碁盤の目の町 (ごばん)
・西陣織 (にしじんおり)
・清水焼 (きよみず)
・映画村
・金閣寺 (きんかくじ)

県庁所在地は (けんちょうしょざいち)

京都市 (きょうと)

奈良県 (なら)

・大仏 (だいぶつ)
・法隆寺 (ほうりゅうじ)
・奈良漬け (づけ)
・鹿

県庁所在地は (けんちょうしょざいち)

奈良市 (なら)

和歌山県 (わかやま)

・勝浦温泉 (かつうら)
・熊野古道 (くまのこどう)
・らくだ岩
・梅生産日本一

県庁所在地は (けんちょうしょざいち)

和歌山市 (わかやま)

大阪府 (おおさか)

・関西国際空港
・たこ焼き
・吉本新喜劇
・天下の台所

県庁所在地は (けんちょうしょざいち)

大阪市 (おおさか)

兵庫県 (ひょうご)

・阪神淡路大震災 (はんしんあわじだいしんさい)
・甲子園球場 (こうしえん)
・港町
・姫路城 (ひめじ)

県庁所在地は (けんちょうしょざいち)

神戸市 (こうべ)

61

鳥取県

・砂丘
・ナシ生産日本第2位

県庁所在地は
鳥取市

岡山県

・きびだんご
・ももたろう

県庁所在地は
岡山市

島根県

・出雲大社
・隠岐諸島

県庁所在地は
松江市

広島県

・かきの養殖
・原爆ドーム
・お好み焼き
・もみじまんじゅう
・カープ

県庁所在地は
広島市

山口県

・秋吉台
・ふぐ下関
・宇部セメント

県庁所在地は
山口市

香川県

・瀬戸大橋
・小豆島
・さぬきうどん

県庁所在地は
高松市

徳島県

・あわ踊り
・アカウミガメの産卵
・鳴門のうずしお

県庁所在地は
徳島市

高知県

・坂本龍馬
・土佐犬
・あしずり岬
・カツオの一本釣り
・ピーマン
・きゅうり

県庁所在地は
高知市

愛媛県

・みかん
・道後温泉
・リアス式海岸

県庁所在地は
松山市

福岡県 （ふくおか） ・ラーメン ・ホークス ・松田聖子が生まれた ・めんたいこ 県庁所在地は（けんちょうしょざいち） **福岡市**（ふくおか）	**大分県**（おおいた） ・すべってころんで ・別府温泉（べっぷ） ・トリニータ ・かぼす 県庁所在地は（けんちょうしょざいち） **大分市**（おおいた）	**佐賀県**（さ　が） ・吉野ヶ里遺跡（よしのがり） ・有田焼き（ありた） ・はなわ 県庁所在地は（けんちょうしょざいち） **佐賀市**（さ　が）
熊本県（くまもと） ・水俣病（みなまた） ・あそ山 ・馬さし 県庁所在地は（けんちょうしょざいち） **熊本市**（くまもと）	**宮崎県**（みやざき） ・ピーマン ・巨人軍キャンプ ・昔のハネムーン人気 　No1 県庁所在地は（けんちょうしょざいち） **宮崎市**（みやざき）	**長崎県**（ながさき） ・オランダ村 ・坂が多い ・雲仙ふげん岳（うんぜん）（だけ） ・チャンポン ・出島 県庁所在地は（けんちょうしょざいち） **長崎市**（ながさき）
鹿児島県（か　ご　しま） ・桜島（さくらじま） ・黒ぶた ・日本最大の石油基地 ・屋久島（やくしま） 県庁所在地は（けんちょうしょざいち） **鹿児島市**（か　ご　しま）	**沖縄県**（おきなわ） ・さとうきび ・パイナップル ・珊瑚礁（さんごしょう） ・アメリカの基地（き　ち） 県庁所在地は（けんちょうしょざいち） **那覇市**（な　は）	

⑹ 小学校4年・3年　地域学習では

　例えば，4年では，単元「住みよいくらしをつくる」でごみの処理と利用を扱うところがあります。そこで，自分の興味や関心，問いに応じて，「焼却ごみ」「資源物」「不燃ごみ」「粗大ごみ」等調べる対象を選択して，それぞれのゆくえや処理の仕方を調べることができます。

　3年では，単元「はたらく人とわたしたちのくらし」で，スーパーマーケットを調べた後，地域にある「近所の店」「商店がい」「大型せんもん店」「コンビニエンスストア」「ショッピングセンター」「地下がい」等自分の興味・関心に応じて選択し，スーパーマーケットの学びを広げるという探究が可能です。

　また，社会科の導入単元「わたしたちのまち，みんなのまち」と総合的な学習との関連を図り，「学校のまわりにある公共施設や建物，駅や公園等を一人一人が探し，その役割等について調べてまとめて伝える活動等を行い，絵地図に表現する」といった展開ができます。地域学習では自分の足で調べる活動が可能です。

　他にも，地域の魅力発見プロジェクトが企画できます。わたしが住む名古屋にもなごやめし，名古屋城本丸御殿，熱田神宮，テレビ塔……，たくさんの魅力があります。単元「名古屋の魅力発見」でプロジェクト型学習が大いに工夫展開できます。

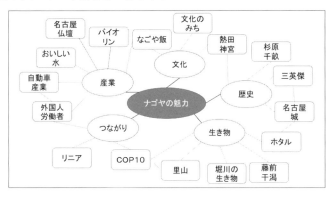

単元「名古屋の魅力発見」でのマインドマップ例

64

2 知的発見型プロジェクト ―歴史トラベラーの探究を，話し合い活動へ。みんなを信長の世界に巻き込んだ授業―

(1) トラベラーの探究と教材研究のあゆみ

　平成 7 年度実践した探究型の授業。織田信長に興味関心がある 4 人の探究の様子を紹介します。

　まず，わたし自身も教材研究を入念にしていきました。

　4 月終わりぐらいから，桶狭間の戦いに関する文献や資料，名古屋市の先輩の先生方が行った実践例を洗い出すことから始めました。

　収集した主な文献

- 再発見名古屋
- 学研まんが合戦日本史「桶狭間・長篠の合戦」
- ここに歴史が
- 教師の語るみどりの歴史
- まんが愛知の歴史
- 朝日百科　日本の歴史 27
- 武功夜話のすべて
- 現代語訳「信長公記」

　実践事例

　　　名古屋市社会科同好会のあゆみ

　　　組合の教育研究集会の報告書

　　　子どもと探る名古屋の歴史

　どの実践をみても，「信長がなぜ義元に勝てたのか」を見出し，信長が義元に勝てたわけを立体地形図を活用して考えさせるという，楽しい実践が報告されていました。

　こうしたすばらしい実践例を生かしながら，自分なりの手を加えることができないものか。今までの実践をのり越えることはできないものか悩みながら，桶狭間の戦いのイメージを高めるため，「文珍の歴史なん

なんだ～桶狭間の戦いの謎～」「ＮＨＫ大河ドラマ『信長の桶狭間の戦い』」を繰り返し視聴しました。

　文珍の方で「歴史トラベラー」が登場し，視聴者に疑問を投げ掛けていました。現地調査や史料を基にその疑問をひもといていきます。ついつい視聴者である自分も，トラベラーに同化して，歴史の世界へ引き込まれていってしまいました。

　5月6日（土）自分が歴史トラベラーとしてフィールドワークしてみました。

　善照寺砦公園，中島砦跡，桶狭間古戦場公園（有松側），桶狭間古戦場跡（豊明側），桶狭間古戦場史料館（現在はなくなったが，名古屋市緑区に NPO 法人桶狭間古戦場保存会による観光案内所が令和元年6月にオープンしている）。

　テレビの世界を自分の方へ引き寄せることができましたが，トラベラーとしてここを見学するだろう子どもたちがどんなことに関心を示すのだろうか，検討がつきませんでした。再び，文献を調べたり，各種ビデオを視聴したり……。

　やはり，子どもたちがこだわることは，**「信長軍三千人の少数が義元二万五千人にどうして勝てたのか」**だろう……。では，子どもたちに何をどのように考えさせれば，信長の世界に引き込むことができるのでしょうか。

　6月3日（土）　桶狭間古戦場まつりを見学しました。あす，4人の子どもたちトラベラーと共に見学するための下調べ，火縄銃の実演をビデオテープにおさめました。頼んで火縄銃をさわらせてもらいました。必要な写真をとる。

　6月4日（日）　子どもトラベラーと古戦場まつりを見学しました。

　合戦の再現劇が行われる古戦場祭りの日を選びました。当日までに個々が信長と桶狭間の戦いについて簡単な下調べをしてきました。

　ＳＡ男は，『ここに歴史が』を図書館で見付け，少ない軍勢で信長が義元に勝てたのは「義元が酒を飲んで油断していたことにある。信長がそのすきをついて奇襲をかけたため。」と，その原因に興味をもち始めていました。

　ＵＴ男は，お父さんから抹香投げ事件を聞き，生まれたときからの信長の激しい性格そのものに関心をもち始めていました。

　ＫＹ子は，図鑑で「桶狭間の戦い図」を写し取り，この地図の地形を実際に自分の目で確かめてみたいと当日を楽しみにしてきました。

　ＷＫ子は，教科書を中心に信長の行動をまとめ，信長の人物像を「鉄砲を初めて戦いに使ったすごい人」と頭の中で描いていました。

　当日は各家庭の協力を得て，次のようなスケジュールで，桶狭間の探検に出掛けました。

1　ＫＹ子がまとめてきたもので桶狭間の戦いの概略を学習する。
2　信長が全軍を結集させた善照寺砦跡で信長の心情を考える。
3　沓掛城跡に入った義元の心情を考える。
4　信長が義元に勝てたわけを桶狭間史料館や古戦場史跡，さらに保存会による合戦再現劇等で調べ，考える。

　トラベラーがこだわったのはやはり「わずか三千の軍で信長はどうして二万五千の軍を率いる大大名，義元に勝てたか」でした。探検しながら，トラベラー同士の間で議論が起きてきました……。

　ＳＡ男は，史料館で「義元酒宴の図」や長福寺で「信長の酒献上作戦」の史料を見付け，「信長は義元を酔っ払わせて桶狭間に留めた。」と，酒を飲ませた作戦が功を奏したと主張。

　ＵＴ男は，信長の激しい性格と雨の中で戦う信長に魅力を感じ，気力

と運（天気が味方したこと）で勝ったと主張。

　ＫＹ子は，再現劇を見て奇襲作戦という信長の知恵に感動。

　ＷＫ子は，運と信長の決断力と勇気等がミックスされて勝てたと主張。

　トラベラー同士の会話が弾んでいるのを聞きながら，わたしはこんなことを考えてはじめていました。

　　信長が義元に勝てたわけについて，自分なりに意見をもったトラベラーに提案させてみてはどうだろうか……。例えば，ＳＡ男には酒を飲ませた説を，ＵＴ男には運がよかった説を，ＫＹ子には奇襲説を……。

　　単なる調査結果の報告ではなく，仮説を提案すれば，トラベラー以外の子どもたちが歴史の謎解きという楽しさを味わうことができるのではないだろうか。トラベラー以外の子どもに立場の選択も迫ることができ，一人一人に学習を成立させることにもつながる。

　各トラベラーは桶狭間資料館等で各説を裏付ける史料を収集していきました。

説	ＵＴ男トラベラーの主張	答弁を助ける学習環境	裏付けとなる資料
運がよかった説	★　扇川の縁起 　家来たちがとめるのも聞かず，善照寺砦からまっすぐ南へ，湿田の中の一本道を下っていき，そのまま，中島砦に向かい，川を渡るとき，川の名をたずねたら，お供のものが「扇川」と答え，「扇」という言葉は昔から縁起の良い名で，きっと幸運が開くだろうと，喜んだ。これが運がいい第一の証拠です。 ★　手越の縁起 　中島砦についた信長軍はものすごい雨の中を，ほぼ今の東海道ぞいに東南の方に進軍しました。途中で義元軍が休んでいるという情報が入りました。桶狭間に向かってまっすぐに突き進んでいき，途中，左京山の北方で地名をたずねた。そこが「手越」と知り，敵の手（作戦）を越すとはさい先がよいと，大いに喜んだ。これが第二の証拠です。 ★　天気が味方した 　この絵を見てください。これは古戦場の史料館にあった絵です。なんと天気が信長に味方したのです。信長は悪天候下での戦いを得意としていました。この時，120ミリ以上といわれる台風みたいな雨が降り始めたのです。まさに信長はほんとうに運がいい人です。これが第三の証拠です。 ★　熱田の神が味方した 　清州を出た信長は戦いに勝つためのお参りのため，熱田神宮へ立ち寄りました。すると，縁起のいいコウノトリ科の白鷺が二羽飛び立ちました。信長に熱田の神が味方したのです。これが第四の運がいい証拠です。信長は神をとても信じて敬っていたのです。	新しい学説「正面攻撃説」による「桶狭間の戦いにおける信長軍の進路図」を提示 ・扇川 ・手越 義元最期の図提示（尾張名所図会） お祈りの図提示 まんが愛知の歴史 信長塀	信長の家来・太田牛一が書いた『信長公記』の記述 最近の新しい研究に基づく正面攻撃説を子ども向けにアレンジした

69

説	ＳＡ男トラベラーの主張 ＷＫ子（司会担当）トラベラーの主張	答弁を助ける 学習環境	裏付けとなる 資料
信長が義元に酒を飲ませた説	★　長福寺の坊主が酒献上 　ぼくは桶狭間古戦場近くの寺でこんな木札を見付けました。この寺の坊主が信長の家来として，義元に酒を献上し渡したのです。酒をもらった義元はつかれていたので桶狭間で休憩したのです。信長のわなに義元はひっかかったのです。 ★　義元酒宴の様子 　桶狭間の史料館でこんな絵を見付けました。この絵をみると義元が油断している様子がよくわかります。義元は重い鎧をつけて長い道のりを歩いていたことから，つかれていたと思います。 　そこで，義元は酒をもらって休みたくなったと思います。 　ここを見てください。おどりをおどっている様子から，余裕がありすぎるという感じがします。義元は油断していたのです。 ★　農民に化けて酒献上 　このテレビを見ると信長の家来が農民に変装して「酒」「米」「昆布」「あわ」「ほしぐり」「ほしだいこん」などを義元に渡したことがわかります。信長のねらいは桶狭間で義元に休憩させ宴会をやらせることにあったのです。 　なぜかというと大高城に入ってしまうとなかなか攻められず不利になってしまうからです。少ない軍では城を攻め落とすなんて無理だからです。	長福寺の木札図提示 義元酒宴の図提示（尾張名所図会） ＴＶ「文珍の歴史なんなんだ」視聴	長福寺本 愛知県江南市の吉田家所蔵の戦国時代の史料『武功夜話』の記述

説	ＫＹ子トラベラーの主張	答弁を助ける学習環境	裏付けとなる資料
北の山から奇襲をかける説	★　この辺りの地形や地理を熟知していた 　信長は鷹狩りでこの辺りのことを本当によく知っていたのです。だから，山からこっそり一気に攻めることができたのです。人数なんか関係ない信長らしい作戦なのです。	立体模型	「文珍の歴史なんなんだ」
	★　古戦場は２つとも奇襲説 　トラベラーとして古戦場に行ったとき，わたしの予想どおり，北山からの奇襲攻撃を記した看板が多くありました。それが何よりの証拠です。	従来の通説「奇襲攻撃説」による「桶狭間の戦いにおける信長軍の進路図」を提示	参謀本部編『日本戦史』

　４人のトラベラーがどのように提案するかが決まり，提案のとき活用する「提案資料」をつくりました。子どもらしいとても興味がわく感じで完成しました。以下の通りです。

トラベラー提案資料

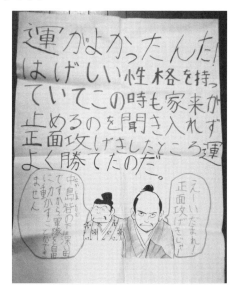

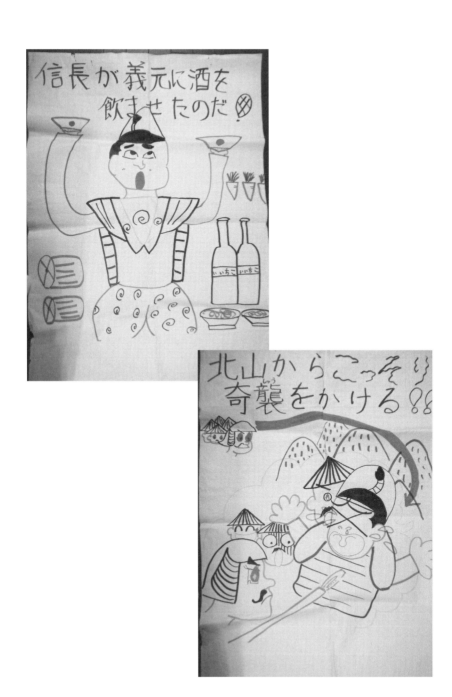

⑵　トラベラーとともに考えた話し合い活動の学習展開

　　第6学年2組　社会科学習指導案

　　平成7年7月6日（木曜日）第5時限（6－2教室）

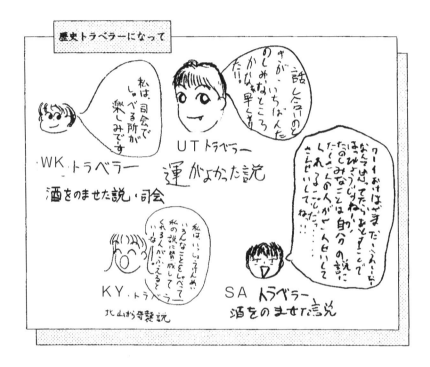

1 単元　　　織田信長と戦乱の世－桶狭間の戦いを出発点に－

2 単元のねらい

天下統一への先がけをなした織田信長の行動を追究することを通して，戦乱の世が統一されていく様子を理解できるようにする。

○　桶狭間の戦いを出発点とし，信長の行動について調べる意欲を高めることができるようにする。（問題把握）

○　弟信行殺しや，長篠の戦いなどの史実を調べることを通して，しきたりにとらわれない信長の行動をとらえることができるようにする。（問題追究）

○　「信長はすばらしいリーダーといえるか」をテーマにして，信長の業績や人物像に迫ることができるようにする。（思考発展）

3 授業実践の目標

歴史トラベラーを軸にした話し合い活動は，一人一人に信長の人物像をイメージさせ，その人物像についての追究意欲を引き出す上で適切であったか。

4 単元構成（6時間完了）

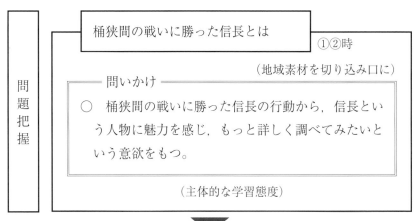

問
題
追
究

 ┌─ 見通す ─────────────────────────┐
 │ ○　イメージした人物像を確かめるために，人物年表 │
 │ 　　を基に自分が調べてみたいテーマを選択し，学習計 │
 │ 　　画を立てる。 │
 └───────────────────────────┘

○戦術　鉄砲　○政治や経済　安土城　楽市・楽座
○人物分析　　○本能寺の変

┌───────────────────────┐
│ 信長の考え，行動，業績など │
└───────────────────────┘　③④⑤時

○　それぞれのテーマについて，文献や，郷土史家や
　博物館への聞き取りなどを基にして調べ，信長とい
　う人物について自分の考えをまとめる。

（思考・判断・表現）（知識・技能）

思
考
発
展

┌───────────────────────┐
│ 信長の人物像＝ │
│ 信長はすばらしいリーダーだったのか。 │
└───────────────────────┘　⑥時

 ┌─ 見直す ─────────────────────────┐
 │ ○　信長のプラス面，マイナス面に着目した考えを互 │
 │ 　いに生かしながら自分の考えを高める。 │
 └───────────────────────────┘

（思考・判断・表現）

┌───────────────────────────────┐
│ **信長と戦乱の世の中** │
└───────────────────────────────┘

注：問題追究段階のテーマ例

プラス要素	マイナス要素
長篠の戦い（火縄銃，戦術の卓越さ）	比叡山の焼き討ち（皆殺し）
安土城築城（スケールの大きさ）	弟・信行との戦い（弟殺し）
キリスト教（時代を先取り）	姉川の戦い（妹・お市との対立）
楽市・楽座（時代を先取り）	本能寺の変（不用心，家来の反感）

5 本時に至るまでの経過

第1時の学習過程

学習活動	指導上の留意点と支援	予想される児童の反応
1 信長,義元が戦った時代背景をつかむ。	○WKとKYが司会をつとめる。 ○SA,UTがそれぞれ信長,義元を演じ,みんなをその時代に引き込むことができるようにすると共に学習環境を整える。 清洲城　　1560年　　駿府城 　信長 おれは信長だ。弟信行まで殺し,尾張をやっとの思いで統一したんだぞ。弱冠,27才。これから天下をとるため戦い続けるぞ… 信長の領土 　義元 おれは義元だ。駿河・遠江・三河を統一し,今度は尾張のいなか侍・信長をやっつけ,天下をとるため京へ向かうぞ… 義元の領土	・信長は尾張一国を領土にもつだけの小大名なんだ。 ・義元は信長に比べて,多くの国を従え,いよいよ京都に上がろうしている大大名だ。 ・いよいよ義元が尾張を攻めようとしている。義元は信長のことを「いなか侍」と呼んでいた。
2 桶狭間の戦いに挑もうとする信長と義元の心境を考える。 ●立体模型	○いつ,どこで,どのように戦おうとしていたのかはKYが桶狭間周辺図を基に解説する。軍勢の数も同時に提示する。 ○善照寺砦に立った信長,沓掛城に立った義元という想定のトラベラー自作のVTから,みんなに考えてもらうよう問い掛ける。 ○信長が奇跡的に勝ったこともトラベラーが大げさに演技する。	・信長軍三千人 ・義元軍二万五千人 ・丸根砦と鷲津砦がやられてしまった。何とか方法はないものか。(信長) ・楽勝だよ。(義元)

★信長は,どのようにして義元に勝ったのか。
　(一人一人が自分の説をもって次時へ臨む)

6 本時（2／6）の指導

◆本時の目標

　信長が桶狭間の戦いに勝ったわけを考えることを通して，信長がどんな人物か，自分なりのイメージをもつことができるようにする。さらに，信長の行動についてもっと追究してみたいという意欲をもつことができるようにする。（主体的な学習態度）

学習活動	指導上の留意点と支援	予想される児童の反応
3　信長が義元に勝てたわけについて考える。	○信長が義元に勝てたわけについて，トラベラーが自分の説を紹介し，みんなならどの説をとるか，わけも含めて考えることができるようにする。	
私の主張 歴史トラベラーを軸にした話し合い活動は，一人一人に信長の人物像をイメージさせ，追究意欲を引き出すのに有効であったか。	トラベラーの説 ① 小さい頃からめちゃくちゃな性格で，このときも正面から攻撃したところ，たまたま運よく勝てた。ＵＴ ② 家来を農民に化けさせ，酒をどんどん献上し，義元軍を酔っ払わせた。ＳＡ ③ 鷹狩りなどでこの地をよく知っていた信長は北の山からこっそりと奇襲をかけた。ＫＹ	①へ ・正面攻撃したら，二万五千の軍にたたきのめされてしまう。 ②へ ・義元が酔っ払っても二万五千人も家来がいる。これだけでは勝てない。 ③へ ・相手は二万五千人もいる。北の山も義元の家来が当然警戒している。 ・義元はこの辺りの地形に詳しくないので，③の方法なら勝てそうだ。

| | | ○　「これでは勝てない」「これなら勝てる」という主張をトラベラーが根拠をもって反論できるように事前に資料を準備させておく。
・雨になだれこむ信長軍
・酒宴する義元軍
○　結論は多様で現代においても様々な推理と説があることを教師が補説する。 | |
| 4　信長の人物像や後の行動について推理する。 | ○　「信長という人物はどんな人物か」自分なりに推理させる。また，この戦いの情報から得た信長像をこれから確かめていくことを告げる。 | ・　信長はすごく頭がよかったのではないか。
・　信長はめちゃくちゃな人ではないか。この後，どんな戦い方をし，どれくらい領土をふやしたのか調べていきたい。 | |

この戦いに勝った信長はこれ以後，どうなっていったのだろう。

◆トラベラーとともにつくった学習過程

> ア　学習場面Ⅰ　―桶狭間トラベラーの説を理解しよう―
> [13：45 〜 13：55]

司会　ＷＫ	桶狭間トラベラー	・トラベラー以外の子ど 　もたち ○教師の支援
●前の時間，「信長がどう 　して義元に勝てたか」 　というところで授業を 　終えたと思います。ト 　ラベラー以外の人の想 　像の考えを少し発表し 　てもらおうかな。 ●今日はトラベラーのみ 　なさんが実際に調べた 　ことを基に，3つの仮 　説を立てました。みな 　さんはどの説に賛成す 　るかを考えながら聞い 　てください。	 ｜1 運がよかった説（ＵＴ説）｜ 　桶狭間に出かける前，本で信 長の性格について書いた本を見 付けました。はげしい性格の持 ち主で，このときも家来が止め るのも聞き入れず，正面攻撃し たところ，運よく勝てたのです。 みなさん，ぼくの説に賛成して くださいね。 ｜2 酒を飲ませた説（ＳＡ説）｜ 　義元は沓掛城から大高城に向 かいました。その途中で信長は 家来たちを農民に化けさせ，酒 をどんどん献上させたのです。 長旅でつかれていた義元は酒が 飲みたくなって，桶狭間で休憩 したのです。酔っ払った義元は 不意をつかれてやられてしまっ たのです。	・鉄砲を使った。 ・義元が油断していた。 ・スパイに殺させた。 ○前の時間のノートへの 　記述を分析しておき， 　「この子を当ててほし 　い」ということをＷ 　Ｋにあらかじめ指示して 　おく。 ○前時に活用した桶狭間 　周辺図などを活用して， 　3つの説をわかりやす 　く，端的に説明できる 　ように事前にトラベ 　ラーに練習させておく。

	3 北山から奇襲説（ＫＹ説） 　信長はこの辺りの地形について，鷹狩りなどでよく動き回っていたのでよく知っていました。義元の大軍に勝つには北の山から気づかれずにこっそり攻めようと考え，奇襲で一気に攻めたところ，見事に打ち勝ったのです。	
		○３つの説が主張されたあとで再度，教師が説明されたことを簡単に確認する。

> イ　学習場面Ⅱ　―桶狭間トラベラーの説のどれが正しいか考え
> 　　　　　　よう―　　　　　　　　　　　　　[13：45 ～ 13：55]

司会　ＷＫ	桶狭間トラベラー	・トラベラー以外の子どもたち ○教師の支援
●何か質問や疑問に思ったことがあったら，言ってください。	質問や反対意見があったら提示できる資料 1 運がよかった説（ＵＴ説） ・信長の家来が書いた『信長公記』（信長と家来との会話） ・雨でなだれこむ信長軍（天気が味方） ・熱田の神が味方	○トラベラーに事前に質問を予想させ，答弁を考えさせておく。 ・何かそれぞれの説に証拠はあるんですか。 1 に対して ・正面から攻撃したら，義元の大軍にすぐやられてしまうんじゃないですか。
●自分がどの説を有力と考えるか，わけも含めてプリントに書いてください。 ●自分が支持する説のと	2 酒を飲ませた説（ＳＡ説） ・長福寺の寺伝写真 ・『武功夜話』の記述と『文珍の歴史なんなんだ』の検証	2 に対して ・義元が酔っ払っても二万五千人もの家来がいる。これだけでは勝

ころに集まってください。（座席移動） ●他の説に対して反対意見や質問をぶつけて自分たちの説の人が少しでもふえるようにがんばってください。 ●○○トラベラーそれについて，答弁をお願いします。 ●話し合いで考えが変わったら，席を移動してください。 ●新しい説を立てる人はないかな。	・尾張名所図会の「酒宴の図」 　3北山から奇襲説（ＫＹ説） ・古戦場は2つとも奇襲説を支持 ・信長は策略家 ・鉄砲をいち早く活用した有名な武士	てないのでは。 <u>3に対して</u> ・義元軍は二万五千人もいる。北の山も義元の家来が当然警戒しているのではないか。 ○学習用具だけもって席を移動できるように，あらかじめ机をコの字型にして，説ごとに集まれるようにする。 ○支持する説ごとになってからは，話し合いの様子を見て作戦タイムの時間をとることができるようにする。 ○考えが変わった子がいればそのわけを主張してもらう。 ○最近の学説では1，2という考えが提起されているが，二つの古戦場や定説は3であることを補説する。また，鳴海城を攻めていると見せ掛けた作戦なども紹介する。

ウ　学習場面Ⅲ　―今日の話し合いをもとに「自分がイメージする信長」（どんな人物か）をまとめて，発表しよう―

[14：20 ～ 14：30]

司会　ＷＫ	桶狭間トラベラー	・トラベラー以外の子どもたち 〇教師の支援
●今日の話し合いを基に自分がイメージする信長はどんな人物だと思うかをまとめてください。また，これから調べてみたいこともまとめてください。	自分なりの信長像 ・信長は運に恵まれた武士だと思う。 ・信長は作戦をしっかり立てて行動する人物ではないか。 ・信長は野性の勘をもつ武士ではないか。 ・1の説が本当なら無茶をする人間ではないだろうか。	
		〇机間指導をしてよい考えがあれば意図的指名をする。 ・この戦いに勝った信長はどうなっていったんだろうね。 ・他の戦いではどんな戦い方をしたのかな。

◆評価の観点と方法

観点	評価の方法と評価場面	評価規準		
		A：十分満足できる	B：おおむね満足	C：努力を要する
主体的な学習態度	発言の様子やプリントへの記述から分析学習場面Ⅱ	信長が勝てたわけについて，提示された資料や友達の意見などを基にして，各説の正当性を進んで考えようとしている。	信長が勝てたわけについて，自分の立場を明らかにしながら考えようとしている。	信長が勝てたわけについて，友達の意見を聞き，自分の立場を決めようとしている。
主体的な学習態度	発言の様子やプリントへの記述から分析学習場面Ⅲ	勝てたわけと結び付けて，信長の人物像について，関心をもつことができる。さらに，信長の行動について今後も調べたいという意欲をもつことができる。	勝てたわけと結び付けて，信長の人物像について，関心をもつことができる。	桶狭間の戦いや信長に，関心をもつことができる。

資料　トラベラーがチームで想定した質問

★これらにこたえられるように準備をしていました。

運がよかった説

　○何か証こがあるんですか。　　　○正面から攻撃できたんですか。

　○神様なんてあてにならない。　　○どこが運がいいんですか。

　○扇というのは縁起がいいだけで運と関係ないのでは。手越も……。

　○運だけで本当に勝てたんですか。

　○正面攻撃しただけで勝てたんですか。

　○信長はそんなに運がいいんですか。

　○天気も味方したなんて，そんなに都合よく起こるんですか。

　○信長が天気の悪い日の戦いを得意としていたなんて信じられないん
　　ですが。

酒を飲ませた説

　○何か証こがあるんですか。

　○酒を飲ませても相手は大軍。どうやって攻めたんですか。

　○いざというときのため守りについていなかったんですか。

　○義元はあやしいとは思わなかったんですか。

　○義元はなぜ桶狭間で休憩したんですか。

　○なぜ信長は義元に酒を飲ませたんですか。

　○どうしてタイミングよく桶狭間で酒を献上できたのか。

　○長福寺の木札をもう一度説明してください。

北山から奇襲説

　○何か証こがあるんですか。　　　○信長はそんなに頭がいいんですか。

　○見張りがいるんじゃない？

　○酒を飲ませたから勝てたとは思わないんですか。

　○天気が悪かったから勝てたんじゃないですか。

　○昼間の戦いだったから奇襲がばれるのでは？

(3)　実際の授業記録（第2時）

ア　学習場面Ⅰ　―桶狭間トラベラーの説を理解しよう―
[13：45 〜 13：52]

司会　WK	桶狭間トラベラー	・トラベラー以外の子どもたち ○教師の支援
●今から社会の授業を始めます。礼。 ●前の時間，「信長がどうして義元に勝てたか」というところで授業を終えたと思います。この間書いたことを基にしてトラベラー以外の人の想像の考えを少し発表してもらいましょう。 （10人ぐらい手が挙がる） STくん。		ST　信長は頭がよかったから義元は馬で攻めてくると考えた。そして，信長は落とし穴をつくった。
MTくん。		MT　あの立体模型を見て考えたんだけど，義元が休憩しているところは結構高いところなので，馬とかで攻めると，途中で疲れてしまうから銃とか，弓を使ったと思う。
TSさん。		TS　桶狭間は山に囲まれているので，休んでいた義元を上の方から

| | | 信長はやっつけたと思う。
（拍手が起こる） |

●今日はトラベラーのみなさんが実際に調べたことを基に，３つの仮説を立てました。みなさんはどの説に賛成するかを考えながら聞いてください。
まず，ＵＴ説です。

提案模造紙を掲示

> 1 運がよかった説（ＵＴ説）

桶狭間に出かける前，本で信長の性格について書いた本を見付けました。はげしい性格の持ち主で，このときも家来が止めるのも聞き入れず，正面攻撃したところ，運よく勝てたのです。みなさん，ぼくの説に賛成してくださいね。
今からそのときの様子を再現します。（劇化）
家来　中島とりでの下は深い田ですので軍を自由に進めることができません。
信長　えーいだまれ！　正面攻撃じゃ
（立体模型を示して）
　これが信長です。信長は中島砦に向かいました。この中島砦で家来が止めるのも聞かずにこの一本道を下っていき，今川義元のいる桶狭間に運よく来たのです。そして打ち勝ちました。みなさんぼくの説に賛成してください。

（拍手が起こる）

●なかなかおもしろい説でした。では次はＳＡ説にいきたいと思います。

提案模造紙を掲示

> 2 酒を飲ませた説（ＳＡ説）

　義元は沓掛城から大高城に向かいました。その途中で信長は家来たちを農民に化けさせ，酒をどんどん献上させたのです。長旅でつかれていた義元は酒が飲みたくなって，桶狭間で休憩

したのです。酔っ払った義元は不意をつかれてやられてしまったのです。ぼくの説に賛成してください。

（立体模型を示して）

　義元はこの沓掛城からここの大高城へ向かい，この桶狭間で休憩しました。

　今からその時の様子を再現します。

農民　義元様，義元様，お酒でございます。

義元　オー酒か。気が利くの。

農民　義元め，まんまとひっかかったな。おれは信長の家来だ。

　みなさん，ぼくの説に賛成してください。

提案模造紙を掲示

> 3北山から奇襲説（ＫＹ説）

　信長はこの辺りの地形について，鷹狩りなどでよく動き回っていたのでよく知っていました。義元の大軍に勝つには北の山から気づかれずにこっそり攻めようと考え，奇襲で一気に攻めたところ，見事に打ち勝ったのです。

（立体模型を示して）

　信長はこの善照寺砦から（相原の方を通って）ずっと山道を進んで，この太子ケ根山にたどりつきました。

　ここからこっそりと信長は攻めたのです。みなさんわたしの説に賛成してください。

● 　これも納得させられる説ですね。次はＫＹ説です。

どっと笑いが起こる。
（拍手が起こる）

●みなさんにはちょっと難しいかもしれませんがどれも納得させられる説ですね。 ●では，この三つの説のどれが正しいのでしょうか。みなさんで少し，考えてみましょう。		

<table>
<tr><td colspan="3">イ　学習場面Ⅱ　―桶狭間トラベラーの説のどれが正しいか考えよう―　　　　　　　　　　　　　　　　[13：52～14：27]</td></tr>
</table>

司会　WK	桶狭間トラベラー	・トラベラー以外の子どもたち
●何か質問や疑問に思ったことがあったら，言ってください。 MTくん。		MT　運がよかった説をとなえるUTくんに聞きたいんだけど，運がよかったといっても，どう運がよかったのかがわかりません。そのわけをくわしくいってください。
	UT　エー（天気のことを言おうとするが，他のトラベラーにまだ早いと止められる）	
		MT　たとえば，義元がたまたま寝ていたとか…
	UT　寝てはいないけど，とにかく勝てたんです。運がよかったんです。	
		（どっと笑いが起こる）

ＯＳさん。

ＳＡ　酒をどうやって渡したということですか。
（立体模型を使って）
ＳＡ　信長はここらへん（桶狭間のこと）を通るだろうと予想していたんです。

ＯＳ　ＳＡトラベラーに聞きたいんですが，どうやって乗り込んだんですか。

ＯＳ　そうです。

ＫＳさん。

ＫＳ　ＯＳさんのと関係するんだけど，ＳＡトラベラーに質問です。義元はいつ命を狙われるかわからないので，守りの兵がいっぱいいると思うんですが，どうしてそう簡単に酒を渡せたのですか。

ＳＡ　義元が移動中に渡したんです。だから，守りもそんなにいません。
（机間巡視して，自分の説にどれくらい賛成してくれるか，チェックしている）

●自分がどの説を有力と考えるか，わけも含めて今先生が配っているプリントに書いてください。

（プリントへの記述）

●自分が支持する説のところに磁石をはりにきてください。
●自分が支持する説のところに学習用具をもって座席移動してください。（ＷＫがてきぱきと座席を誘導する）

運がよかった	酒を飲ませた	北山からこっそり奇襲
2名	7名	22名
ＡＳ ＳＴ	ＥＳ　ＫＭ ＳＭ　ＮＮ ＦＭ　ＭＫ ＮＥ	

●では，一つずつ検討していきたいと思います。まず，運がよかった説に対して，反対意見や質問をぶつけてください。YHさん。	UT	YH 運がよかったのはどう運がよかったのかがわかりません……。（オー！ みんな驚きの声があがる）
	雨でなだれ込む信長軍	
	……天気が味方したんです……	
●他にありませんか。KMくん。		KM 運だけで勝てりゃ苦労はしないぞ！（どっと笑い）
FMくん。		FM 雨が降ったら，信長も苦労したんじゃないですか。
	UT 勝てたから，勝てたんです。	
ESくん。		FM アー？ES UT！ もう一度説明してくれないか。信長はどこから攻めたの。
	UT 信長は悪天候下の戦いを得意としていました。（立体模型を示し）UT 信長は中島砦にきて家来たちは危険だからと止めるのも聞かず，まっすぐ攻めていったんだ……。	
MDくん。		MD いくら運がいいからといって，軍の差は

		三千対二万五千，どう運がよくたって勝てないと思う。
	UT　さっき，酒を飲ませたっていったじゃん。	
	UT　アッそうか。もう一度……	（それ，違うんじゃない）
	（UTがこまり出し，他のトラベラーが協力しだす）	MD　いくら運がいいからといって，軍の差は三千対二万五千，どう運がよくたって勝てないと思う。
●その他？	UT　人数に差があっても作戦をしっかり立てれば勝てる。	（MK　賛成！　と大きな声でつぶやく）
		（MK　それじゃ，運じゃないぞ！）
MTくん。		MT　正面攻撃は普通の作戦だし，雨が降っていたとしても降り始めたのが途中だったら運がいいんだけど，中島砦でもう降っていたとしたら，むしろ運が悪いのではないか。
	UT　塩職人にいつ雨が降るのか，うらないして確認していたので，その時間を狙って攻めたんです。	
HYさん。	（立体模型を示しながら）UT	HY　運がよいだけじゃなくて作戦もあったと思う。
	手越の縁起	運だけじゃない？
SMくん。		SM　義元も雨が降るとわかったらどうするんで

すか。

ESくん。

UT　義元は知らなかった。

ES　塩職人にうらなわせたと言ったけど，ある本で読んだんだけど，信長は宗教とかうらないとかは信じないんじゃないですか。
（どっと笑いが起こる）

UT　その本ははったりですね。ぼくには占いをさせたという証拠があります。

●次は，酒を飲ませた説です。質問や反対意見をぶつけてください。
YSさん。

YS　信長が酒を飲ませたといったけど，もし，義元が酒を飲まなかったら，どうしたんですか。

SA　でも，実際は飲んだんだし，義元は酒が好きだから……。

AKさん。

AK　さっき，立体地形図で説明したんだけど，酒は道端で飲ませたんですか。

SA　違います。渡したのは道端ですが，飲んだのは古戦場で陣をはっていたところです。

MTくん。

MT　何で戦う前に酒を飲んだんですか。

SA　義元はテレビでも

	この間見たように20キロに近いよろいを着てまた，長い道のりを歩いてきたので，つかれていた。だから，酒を飲んだのです。	
WAさん。		WA　よろいを着てつかれていたとしても，戦いの前だから，そんなに酒を飲まないと思うんですが……。
	SA　義元は大軍二万五千に対して，信長軍三千だから，油断していた。余裕があった。	
STくん。		ST　酒を飲ましたって言ったけれど，どこでそんなに酒を手に入れられたのかわからない……。（ピント外れのジョークを飛ばす）
	SA	
	長福寺の木札	
	酒はこの長福寺の坊主がもっていたのです。だからぼくの説は正しいのです。	（オー　酒を飲ませた説が大きな声援）
KIさん。		KI　義元は今まで戦いに何度も勝ってきたと思う。そう簡単には油断しない。だから酒をそんなに簡単に渡せないと思うんだけど，どうですか。

	SA それはつかれていたし農民に化けていたから信長の家来だとは思わなかった。	
HYさん。		HY 酒を飲ませたといっても，家来たちが周りにいて，ガードがかたいと思う。義元は酒を飲まなかったと思うが……。
	SA	

義元酒宴の図

	義元酒を飲んでいる。家来が踊っている。家来たちも油断している様子がわかる。	（酒を飲ませた説の子どもたちが拍手する）
SAさん。		SA 義元はこれまで何回も戦ってきたから，そんな酒に目がくらむとは思えないんですが。
	（マンガの義元を示し）SA この馬鹿そうな顔を見てください。そんなことまで考えているとは思えない。	（どっと笑いが起こる）
SYさん。		SY 義元が酒に強い人なら作戦がぶちこわれてしまうんじゃないですか。
	SA つかれているときに酒を飲むと，だれでも眠くなるそうです。酒に強い人でもすぐ酔っ払ってしまったのです。	

ＭＴくん。		ＭＴ　酒を飲んだとしても寝るんじゃなくて，踊ることでかえって元気になったらどうするんですか。 (笑い)
	ＳＡ　頭がぼけているから冷静な判断力が鈍っていると思う。	
●次は北山から奇襲説です。質問や反対意見があったらぶつけてください。		
ＳＭくん。		ＳＭ　こっそり攻めても人数が違うので，反対にやられてしまうのではないか。
	ＫＹ　信長はちゃんとした作戦で，裏から行けば大丈夫だったんです。	
ＥＳくん。		ＥＳ　だけど，警戒はしていたんじゃないの。
	ＫＹ　信長は山道を通り，うまく背後につき，義元には気付かれなかった。	
		ＥＳ　だけど，義元はいちばん安全なところにかくまわれていたんじゃないの。家来はどうしていたの。
	ＫＹ　家来とは戦った。けれど信長の奇襲は成功したんです。	
ＮＥさん。		ＮＥ　北山からこっそりとはいっても，義元には

		たくさんのガードが前に も後にもいるんじゃない ですか。
	KY　桶狭間は山に囲ま れていてその狭間の谷だ から，どこからでも攻め られるのです。	
FMくん。		FM　奇襲されても義元 はそれに備えて準備をし ていたのではないですか。
	KY　（どういうこと？） 本当は義元の軍は二万五 千なんだけど，義元の本 陣を守っていたのは五千 人だから，奇襲は大いに 成功したのです。	
		FM　他のところからも 助けの軍がくるのでは？
	KY　それが信長の作戦 で相原の方からこっそり 攻めたんです。	
●では今までの話し合い から考えが変わった人 は磁石を動かしてくだ さい。		学習場面で表した考えを 変更した子ども
●MTくんのように新し い説を立てる人はあり		MT　奇襲から酒へ 　本当は三つ合体説だ！ ST　運と酒の中間へ磁 石を移動 MT　本当は全部だっ た！　酒を飲ませて，雨 が降ってきて，奇襲すべ て効果あり…… （トラベラーも拍手，みん なも称賛オー……）

ませんか。
ＭＴＴくん。

ＭＴＴ　酒を飲ませたは
半分ぐらいの確率で成功，
運がよかったも半分，北
山から奇襲は100％成功
する。
(みんなから，そんなこと
はないと反論を受ける)
ＵＴくんが言ったように
最初，占わせといて，雨
が降ったら雨の音で馬の
足音も気付かれず，こっ
そり攻めることができる。

ＦＭくん。

ＦＭ　奇襲するとき，ワー
と全員こけてしまったら，
どうするんですか。

ＫＹ　実際には勝ったん
です。こけなかったんです。

(笑い)
ＦＭ　でも，奇襲はちがっ
ている。

ＫＹ　どうしてですか。

ＳＭ　奇襲なんて，信長
はそんなせこいことしな
いと思う。

ＫＹ　せこいことじゃな
くて，頭を使ったことです。

(笑い，拍手)

|古戦場の看板|

これが何よりの証拠です。

ＦＭ　ＳＡくんのだって，
そうじゃん。

ＫＹ　あれは別の証拠な
の。

		（出井が古戦場は２つとも奇襲説を取っていたことを確認）
●他に新しい説を立てる人はいませんか。 ＨＹさん。 ＥＳくん	 ＫＹ　それ！	ＨＹ　北の山まではこっそり行って，そこから一気に攻めた。 ＥＳ　酒を飲ませて油断させておいて，信長は善照寺砦か中島砦にいると見せかけて，北山からこっそり攻めた。 酒＋見せかけ＋こっそり奇襲

（ＷＫに残り時間３分を示唆，学習場面Ⅲへ移行するように指示）

ウ　学習場面Ⅲ　—今日の話し合いをもとに「自分がイメージする信長」（どんな人物か）をまとめて，発表しよう—

[14：27～14：30]

授業はいったんチャイムで打ち切る　帰りの会を活用

司会　ＷＫ	桶狭間トラベラー	・トラベラー以外の子どもたち
●今日の話し合いを基に自分がイメージする信長はどんな人物だと思うかをまとめてください。また，これから調べてみたいこともまとめてください。	自分なりの信長像 ○奇抜な戦術を立てて頭のいい武士 ○運に恵まれている人 ○相手の裏をかき，攻めるのが好きな人 ○どんな手を使っても勝とうとする。	

板書の実際

運がよかった　2人	酒を飲ませた　7人	北山からこっそり奇襲
➡どこが運がいい？ 雨が降った！ ➡信長もくろうしたのでは？ 信長は雨の戦い得意！ ➡軍勢の差は？ 正面からだとばれるのでは？ ・酒はどこ？ ➡作戦もあったのでは？ 手越……，塩職人	➡どこで酒を飲ませたか わたすのは道 本じんで飲む ➡どうして戦う前に？ つかれていた ➡たくさんの軍がいた？　農民？ ➡酒に強い人？ つかれていたから 義元ゆだん 顔？	➡こっそり進んでも人数の差？ 作戦勝ち ➡家来は？ ➡かたいガード 地形が険しいのでかくれてこっそり

（まとめ）　4人の歴史トラベラーが「自分たちなりの問いを立て，自分たちなりの仕方で，自分たちなりの答えにたどり着く」，そんな「プロジェクト型の学び」，「探究」を楽しんでいるのが，授業づくりの過程で，さらにこの授業の様子から読み取れたでしょうか。また，トラベラー以外の子どもたちも次々に質問をぶつけて，最後は自分の説を起点に3つの説の融合によって勝てたという説まで導き出しました。桶狭間トラベラーのSA男は，探究後しばらくして，お父さんを説得し，安土城まで行き，学芸員さんへの取材までして，調べたことをファイル化してきました。この話し合いの授業に刺激され，桶狭間トラベラー以外の子どもたちも何人かグループをつくって，桶狭間古戦場を訪れたことを報告してくれました。その後の一人一人の調べ学習も自分の調べたいテーマ（75頁）を見つけ，生き生きと信長について探究していきました。

　まさにこれからの教育改革のキーワードは「探究」であることを改めて過去の実践から振り返ることができました。

おわりに

　プロジェクト型の学習を展開することについて，今まで大枠，教科書や指導書を頼りに教えてきた教師にとって，なかなか一歩踏み出すのに勇気がいるのかもしれません。

　「ああ，指導するのに時間がかかるし，うまく効率的に教えたり，考えさせたりする展開だけでは済まないからな。一人一人興味関心も違うし……」と誰も思います。しかも，「こんなに忙しいのに」と。

　さらに，道徳やら外国語やらも併せて，教員の多忙感と負担感はいっそう大きくなっています。「ましてやコロナ禍で消毒が……」こんなマイナス思考になってしまいます。

　ただ，私たちは平成14年度から「総合的な学習の時間」を使って少なかれ「探究型の学び」を指導してきています。

　オランダのワールドオリエンテーションにしろ，PBLにしろ，日本の「総合的な学習の時間」と扱う内容は国々多少の違いはありますが，学習方法や学習過程はぽぽ類似しています。

　社会科の学習においては問題解決的な学習が展開されますが，探究型の「学び方」についてはほぼ重なってきます。内容も社会科で扱う内容と総合的な時間に扱う内容がよく重なってきます。

　今回のわたしの主張は，各学校で，もうすでにどんな内容を「総合的な学習の時間」の中で実施するのか，学校全体で決まっている中で学校全体を動かし苦労してやるより，必ず学ぶ内容としてある社会科（また

は，他教科，総合的な学習等との横断的指導関連を図った）の時間の中でまず，比較的容易な知的発見を目的とする「プロジェクト型の学び」をとりあえず「課題選択学習」といった形でスタートさせていく，現実的な提案です。

　そもそもの目的は「休校になっても自学自習できる，学習の PDCA サイクルを自分自身で回すことができる子ども」です。ぜひ，子どもたちを信頼し，任せて，支えるプロジェクト型の学びの経験を増やしていきませんか。

　名古屋市では GIGA スクール構想の実現に向けて「できるだけ早く」を目標に，名古屋の子ども一人一台のタブレットと端末を整備しようと懸命に努力しています。今年度は小中特別支援学校 36 校の児童生徒に一人一台タブレットと指導者用タブレットが導入されます。名古屋市全市に一人一台タブレットが行き渡るのも間近です。

　いよいよ自分で自分の学習を進めていくための大きな宝というか，料理のための包丁というか，そういうものを子どもたちがもつことになります。探究活動も大幅にやりやすくなります。

　ぜひ，この機会に教師が教える指導観を一新し，子どもの学びを見守る探究支援者・共同研究者としての役割を果たす教師になれるように，努力していきたいと考えていますが，いかがでしょうか。

　そのモデルが桶狭間の戦いの謎を探究した 4 人の歴史トラベラーです。本年 6 月，ＮＨＫ大河ドラマ「麒麟がくる」で桶狭間の戦いが放映された年に，この実践を紹介できるのも何かの縁を感じるところです。

あとがき

　2020年7月，高校生棋士・藤井聡太氏が第91期棋聖戦五番勝負で棋聖位を奪取し，タイトル獲得の最年少記録を更新しました。

　記者会見では，「探究」の二文字を書いた色紙を手に持ち「これからも探究心持ち盤上に」向かうことを誓っていました。

　まさに「自分が好きなこと，興味関心をもったことに全力で取り組んだ」成果です。苫野一徳氏のいう自由に生きるためには「探究する力」を必ず必要としているという主張とも重なります。

　総合的な学習の時間だけでなく，社会科をはじめとする様々な教科の中でもできるだけ「プロジェクト型の学習」「探究を核としたカリキュラム」を工夫し取り組んでいくことがこれから大切となってくるのではないでしょうか。今回は社会科の学習内容で探究の経験を積むことができる内容を一部チョイスしてみました。ヒントにしていただけたら幸いです。

　『小学校社会科実践の不易』出版（2020）はもとより，この本の出版におきましてもすべてにわたって懇切丁寧にご指導くださった伊藤大真様はじめ黎明書房の方々，日頃より施策について様々共に頑張ってきた名古屋市教育委員会・教育センターの皆様，名古屋市教育委員会の「画一的な一斉授業からの転換を進める授業改善事業」についてご指導くださった苫野一徳氏やリヒテルズ直子さんにもお礼を申しげたい。

　最後に若き日にこんな素敵な桶狭間の実践をフィールドワークから教材研究の仕方，授業の展開まで何から何までご指導してくださった名古屋市社会科同好会の大先輩，石川芳孝元小学校校長先生にも，この場を借りて感謝の意を表したい。

著者紹介

出井伸宏（名古屋市教育センター研究調査部長）

昭和38年名古屋市生まれ。昭和62年3月愛知教育大学小学校教員養成課程社会科歴史教室卒業。62年4月から名古屋市で小学校教諭としてスタート。平成15年から名古屋市社会科研究会役員を務め，平成19年文部科学大臣優秀教員表彰。平成24年から名古屋市で校長として勤務。その間，なごや教師養成塾の講師を務める。平成26年から名古屋市教育委員会指導室で指導主事，主任指導主事を経て，平成29年4月より現職。

教育委員会では「名古屋市教育課程（小中社会科，生活科）」「ナゴヤ歴史探検」（中学生の副読本）等の編集企画・プロジェクト，教科書採択等を担当。教育センターでは「画一的な一斉授業からの転換を進める授業改善事業」でオランダのイエナプラン教育研修に参加，PBLの調査研究等推進している。教員研修では「人権教育の各種研修講座」の講義等を中心に担当している。

名古屋市社会科同好会・研究会，名古屋歴史教育研究会等に所属する。平成11年名古屋市教育研究員として意思表示板を使った社会科授業づくりについて研究。平成16年と平成28年の全国小学校社会科研究協議会名古屋大会では，大会理論の構築に携わるとともに，平成28年は指導助言者も務める。

主な研究業績

昭和63年〜平成7年　名古屋市指導体験記録入賞7回
平成11年　名古屋市教育研究員修了
　　　　　研究テーマ「自己学習力が育つ社会科学習」
平成13年　第39回全国小学校社会科研究協議会群馬大会全国発表
平成13年　第36集全国小学校社会科研究協議会論文入選

主な著書等

『小学校社会科実践の不易』（2020年，黎明書房）
『日本と世界融合する授業デザイン小学校5年小単元「世界の中の国土〜領土に関する学習」』「社会科教育2019年1月号」（p62-65）／『指導スキルで展開が変わる！おすすめ授業モデル小学校5年　意思表示板を使って「今後の産業の発展を考える学習」』「社会科教育2019年8月号」（p62-65）（以上，明治図書）

その他，「なごやの町名」（名古屋市計画局）「アイデアいっぱい！総合的な学習」（名古屋市社会科同好会）等で一部執筆。

With コロナ時代　休校になっても学びを止めない探究する子どもを育てる
―小学校社会科カリキュラムの中核をプロジェクト化―

2020 年 11 月 1 日　初版発行

著　者	出　井　伸　宏
発行者	武　馬　久仁裕
印　刷	藤原印刷株式会社
製　本	協栄製本工業株式会社

発 行 所　　　　　　株式会社 黎 明 書 房

〒 460-0002　名古屋市中区丸の内 3-6-27　EBS ビル　☎ 052-962-3045
　　　　　　　　FAX 052-951-9065　振替・00880-1-59001
〒 101-0047　東京連絡所・千代田区内神田 1-4-9　松苗ビル 4 階
　　　　　　　　　　　　　　　　　　　　☎ 03-3268-3470